汽车营销实务

主　编　刘斯康　楼　荣
副主编　盛　琦　沈思远　孟晋霞

北京理工大学出版社
BEIJING INSTITUTE OF TECHNOLOGY PRESS

内 容 提 要

本书通过引入与新能源汽车相关的一些案例培养学生爱国主义情怀，从一个初步接触汽车销售的职场新人角度，围绕汽车营销是什么、什么样的汽车市场、把车卖给谁、谁来卖车、在哪卖车、卖什么车、卖多少钱、还卖什么、确定卖和持续卖等汽车营销活动情境来设计学习内容。本书主要包括汽车营销基本认知、汽车目标市场分析、汽车客户分析、汽车顾问式营销、汽车展厅销售、汽车产品体验、汽车报价协商、汽车营销延伸、汽车交车服务、汽车售后跟踪 10 个模块，使学生熟悉汽车营销环境，找准汽车市场定位，让销售顾问完成客户邀约、渠道销售、展厅接待、需求分析、绕车介绍、试乘试驾、如何报价、谈判成交、汽车金融推荐、增值服务推荐、交车准备、新车交付等流程，使客户投诉处理和汽车客户全生命周期管理等专业的顾问式销售能力得以全面提升。

本书适用于汽车技术服务与营销（含二手车鉴定与评估方向）、新能源汽车技术、汽车检测与维修等高等院校和高职院校专业的学生，也可以供教师及从事汽车营销相关工作的社会工作人员学习参考。

版权专有　侵权必究

图书在版编目（CIP）数据

汽车营销实务 / 刘斯康，楼荣主编 . -- 北京：北京理工大学出版社，2025.1.
ISBN 978-7-5763-4654-1

Ⅰ.F766

中国国家版本馆 CIP 数据核字第 2025ZY9322 号

责任编辑：高雪梅　　　　**文案编辑**：高雪梅
责任校对：周瑞红　　　　**责任印制**：李志强

出版发行 /	北京理工大学出版社有限责任公司
社　　址 /	北京市丰台区四合庄路 6 号
邮　　编 /	100070
电　　话 /	（010）68914026（教材售后服务热线）
	（010）63726648（课件资源服务热线）
网　　址 /	http://www.bitpress.com.cn
版 印 次 /	2025 年 1 月第 1 版第 1 次印刷
印　　刷 /	河北鑫彩博图印刷有限公司
开　　本 /	787 mm×1092 mm　1/16
印　　张 /	12
字　　数 /	264 千字
定　　价 /	68.00 元

图书出现印装质量问题，请拨打售后服务热线，负责调换

前言

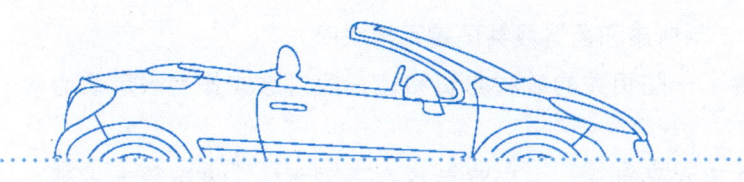

PREFACE

当前经济社会的快速发展为汽车产业发展壮大提供了坚实的经济基础，我国新能源汽车工业的异军突起，对汽车营销人才的素质和技能提出了更高的要求，为贯彻党的二十大精神，依据人才强国战略，实现立德树人的根本目的，本书紧扣汽车类专业教学内容，把握汽车营销活动规律，全面呈现汽车营销人才培养规格的新变化、新特征和新要求。

首先，从认知汽车营销的一些原理入手，围绕汽车销售的核心工作重点介绍汽车经销商和4S专卖店规范工作流程与技巧方法，让学生有一个熟悉汽车商品、掌握汽车商品的过程，培养学生使用汽车商品的能力。同时，除对汽车销售标准流程进行阐述外，还对汽车销售的一些延伸业务和创新活动进行了介绍。本书通过引入与汽车相关的经济强国、科技强国及教育强国等案例，培养学生强烈的爱国主义情怀。

其次，本书通过特定的情境来设计学习内容，以一个初步接触汽车营销的职场新人角度，循序渐进地引导学生学习了解汽车营销和熟悉汽车营销环境，掌握汽车市场调查与汽车目标市场选择，为汽车市场定位找准方向。在对单一客户购车与大客户购车行为分析的基础上，让销售顾问完成客户邀约、渠道销售、展厅接待、需求分析、绕车介绍、试乘试驾、报价、谈判成交、汽车金融推荐、增值服务推荐、交车准备、新车交付和售后跟踪等工作任务，全面提升学生的市场分析、人际沟通和汽车销售能力，为他们将来成为一名专业的汽车销售顾问打下良好的基础。

最后，本书每个模块都分为若干个任务，每个任务都包含"任务描述"和"任务实施"，不仅可以激发学生的学习兴趣，还能够使学生注重理论联系实际，做到学以致用。另外，为了培养学生的自主学习和自我思考能力，本书还根据教学内容设置了一些"小贴士"和"拓展阅读"内容。

本书由刘斯康、楼荣担任主编，由盛琦、沈思远、孟晋霞担任副主编。具体的编写分工为：刘斯康编写模块一、二、三，楼荣编写模块六、八、九，盛琦编写模块

五、七，沈思远编写模块十，刘斯康和孟晋霞共同编写模块四。

本书在编写过程中借鉴了一些相关的教材与资料，在此对这些作者表示衷心的感谢。

由于时间紧迫，加之作者水平有限，书中难免存在不妥之处，恳请读者批评指正。

编 者

目 录
CONTENTS

模块一　汽车营销基本认知 ································· 001

　任务一　汽车营销观念分析 ································· 001

　　知识点一　汽车营销概述 ································· 002

　　知识点二　汽车营销观念 ································· 003

　任务二　汽车营销环境分析 ································· 008

　　知识点一　我国汽车市场现状 ································· 009

　　知识点二　汽车营销环境分析方法 ································· 010

模块二　汽车目标市场分析 ································· 017

　任务一　汽车市场调查 ································· 017

　　知识点一　汽车市场调查分析 ································· 018

　　知识点二　汽车市场调查问卷设计 ································· 020

　任务二　汽车市场细分 ································· 025

　　知识点一　汽车目标市场选择 ································· 026

　　知识点二　汽车竞争对手分析 ································· 029

模块三　汽车客户分析 ································· 033

　任务一　个人客户购车分析 ································· 033

　　知识点一　个人客户购车动机分析 ································· 034

知识点二　个人客户购车行为模式 ································· 036

　任务二　大客户购车分析 ·· 040

　　知识点一　大客户购车行为分析 ····································· 041

　　知识点二　汽车政府采购 ··· 043

模块四　汽车顾问式营销 ·· 048

　任务一　汽车销售顾问培养 ··· 048

　　知识点一　汽车销售顾问形象塑造 ·································· 049

　　知识点二　汽车商务礼仪规范 ······································· 052

　任务二　客户招集 ·· 057

　　知识点一　汽车用户画像 ··· 057

　　知识点二　客户邀约 ··· 059

模块五　汽车展厅销售 ·· 065

　任务一　渠道营销 ·· 065

　　知识点一　汽车销售渠道 ··· 066

　　知识点二　汽车分销模式 ··· 069

　任务二　展厅接待 ·· 078

　　知识点一　汽车展厅接待前的准备 ·································· 079

　　知识点二　汽车展厅接待流程 ······································· 081

模块六　汽车产品体验 ·· 086

　任务一　需求分析 ·· 086

　　知识点一　购买动机和冰山理论 ····································· 087

　　知识点二　需求分析的技巧 ·· 088

　任务二　绕车介绍 ·· 093

　　知识点一　车辆静态展示 ··· 094

  知识点二 六方位绕车介绍法与 FABE 产品介绍法 ·············· 095

 任务三 试乘、试驾 ·· 102

  知识点一 车辆动态展示 ·· 102

  知识点二 试乘、试驾流程 ·· 104

模块七 汽车报价协商

 任务一 如何报价 ·· 109

  知识点一 汽车销售环节价格体系 ·· 110

  知识点二 汽车报价与议价 ·· 111

 任务二 谈判成交 ·· 118

  知识点一 客户异议处理 ·· 119

  知识点二 成交方法和技巧 ·· 120

模块八 汽车营销延伸

 任务一 汽车金融推荐 ·· 127

  知识点一 汽车金融分类 ·· 128

  知识点二 汽车金融产品推荐 ·· 130

 任务二 增值服务推荐 ·· 134

  知识点一 汽车用品和美容服务 ·· 135

  知识点二 汽车延保服务 ·· 138

模块九 汽车交车服务

 任务一 交车准备 ·· 143

  知识点一 交车区及销售顾问的准备 ···································· 144

  知识点二 PDI 整备 ·· 146

 任务二 新车交付 ·· 151

  知识点 交车流程 ·· 151

模块十　汽车售后跟踪 ·· 158

　任务一　客户投诉处理 ·· 158

　　知识点一　客户投诉处理流程 ·· 159

　　知识点二　客户投诉处理策略 ·· 160

　任务二　汽车客户全生命周期管理 ·· 168

　　知识点一　客户生命周期类型 ·· 169

　　知识点二　汽车客户维系策略 ·· 171

参考文献 ·· 182

模块一
汽车营销基本认知

模块介绍

我国的汽车工业早已经由"卖方市场"转变为"买方市场",汽车企业的竞争已不再是单纯的国内竞争,而是变成了激烈的国际竞争。伴随着商品经济的发展和市场竞争的日益激烈,汽车营销的重要性更加突出。因此,如何在较短的期限内培养出大批具有现代营销理念,善于捕捉市场机遇,并能够灵活掌控汽车营销理论和实践的技能人才,已经成了当务之急。

任务一
汽车营销观念分析

任务描述

汽车企业为了更好、更大限度地满足市场需求,达到企业经营目标,就必须进行一系列的汽车营销活动。而随着市场竞争的日益激烈和消费者需求的不断变化,指导企业活动的营销观念也将与时俱进地不断发生变革。

任务目标

1. 了解汽车营销的含义。
2. 掌握汽车的营销观念。
3. 具备汽车的新营销观念与能力。
4. 养成人与自然、社会多方和谐共生的绿色发展新营销观念。

任务分析

要完成本学习任务，可以按照以下流程进行。
1. 阐述汽车营销的含义，对汽车营销的研究内容和研究方法进行分析。
2. 对五种汽车营销观念进行对比，并形成正确的汽车营销观念。
3. 能结合汽车行业的一些案例分析汽车营销观念的各个发展阶段。

完成本学习任务需要准备的工作场景和设备如下。
1. 汽车营销案例资料。
2. 计算机、上网工具。

完成本任务所需的知识详见后续相关知识中的各知识点。

相关知识

知识点一　汽车营销概述

一、汽车营销的含义

汽车营销是市场营销在汽车领域的体现。根据杰罗姆·麦卡锡（Jerome McCarthy）《基础营销学》中的定义：市场是指一群具有相同需求的潜在客户，愿意以某种有价值的东西来换取卖方所提供的商品或服务。因此，市场的构成要素可以用一个等式来表示：

$$市场＝人口＋购买欲望＋购买能力$$

汽车营销是指汽车制造商和销售商通过一系列策略和活动，以推动汽车销售、提升品牌形象和满足消费者需求的过程。

二、汽车营销研究的内容

随着汽车市场的发展，现代汽车营销研究的关注点由以产品、客户为核心，逐步过渡为以竞争行为为核心。其基本任务有两个：一是寻找市场需求；二是实施一系列能更好地满足市场需求的营销活动。

汽车营销研究的内容是在汽车市场的竞争环境中，企业组织通过市场调查识别和分析客户的需求，确定其所能提供最佳服务的目标群体，选择适当的计划方案、产品、服务方式以满足其目标群体的需求，取得竞争优势的市场营销全过程。

三、汽车营销研究的方法

汽车营销研究的方法有市场调查、客户分析、品牌建设、产品差异化、渠道管理、促销策略、数字营销、数据分析和客户关系管理等。

综合利用以上方法，汽车企业建立与客户的良好关系，通过售后服务和客户反馈等方式增加客户满意度和忠诚度，提高客户复购率；通过制定全面的汽车营销策略，提升品牌知名度，增加销售量，并与竞争对手保持竞争优势。

知识点二　汽车营销观念

汽车营销观念是指企业在开展市场营销活动的过程中，在处理企业、客户需求和社会利益三者之间的关系时所持的根本态度、思想观。

不同的汽车营销观念是随着不同阶段汽车市场的需求而产生的，经历了一个发展、演变的过程。其中，典型的营销观念包括以下五种类型（图1-1）。

生产观念 → 产品观念 → 推销观念 → 市场营销观念 → 社会营销观念

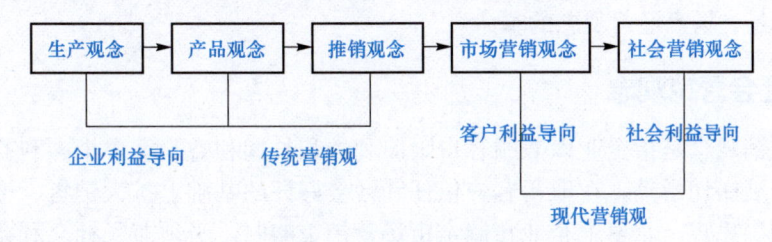

企业利益导向　　传统营销观　　　　客户利益导向　　社会利益导向

现代营销观

图1-1　营销观念的演进

一、生产观念

生产观念即以生产为中心的企业经营指导思想。这是指导企业销售的一种最古老的经营观念，也是一种重生产、轻市场的观念。在这种观念的指导下，企业注重扩大规模和提高生产效率以提高产量、降低成本，而产品质量、特色和服务往往受到忽视，企业认为"我生产什么，消费者就会购买什么"。这种生产观念是在生产力水平比较低、市场产品供不应求、产品短缺现象广泛存在的背景下出现的。在这种情况下，企业生产的产品不愁找不到买主，所谓"皇帝的女儿不愁嫁"。

二、产品观念

产品观念是指企业把提高质量作为一切活动的中心，以此扩大销售、取得利润的一种经营指导思想。这种观念认为，消费者会选择质量好的产品，企业只要提高了产品质量、增加了产品的功能，就会使客户盈门。

与生产观念相比，产品观念不仅注重了生产数量，还注重了产品质量；不仅注重了价低，而且注重了物美。但产品观念仍然发生在卖方市场的背景下，仍然以生产为中心，不注重市场需求，不注重产品销售。可以说，产品观念是生产观念的后期表现，两者在本质上是一样的。所谓"酒香不怕巷子深"，就是这种观念的具体体现。

三、推销观念

推销观念认为，消费者只有在企业的强力促销刺激下才会购买产品，把强迫和引诱客户购买作为一切经营活动的中心，以此扩大销售、取得利润。推销观念是在卖方市场向买方市场过渡期间产生的。

推销观念与前两种观念的不同点：前两种观念是以生产为中心，不重视产品销售；而推销观念是以销售为中心，奉行"货物出门，概不退换"。

四、市场营销观念

市场营销观念是指企业把满足客户需要作为一切活动的中心，通过客户的广泛购买和重复购买来扩大销售、增加利润的一种经营指导思想。具体表现为"客户需要什么，我们就生产什么"。其主要特点：首先分析客户需要，确定目标市场；然后根据市场需要来进行产品设计开发、生产过程、促销和售后服务等整体营销活动，从而满足目标市场需要。市场营销观念的出现被誉为企业经营思想的大变革，是新旧经营观念的分水岭，是一场"经营观念的革命"。

五、社会营销观念

社会营销观念是指企业以兼顾客户眼前利益和长远利益、客户个人利益和社会整体利益而开展一切活动，在取得客户信任和社会好评的基础上扩大销售、增加利润的一种经营指导思想。它要求企业在制定市场营销策略时，必须兼顾社会利益、消费者利益和企业利益三个方面的利益，而且企业利益是建立在消费者利益和社会利益的基础之上的。社会营销观念和市场营销观念没有本质上的差别。社会营销观念是对市场营销观念的进一步补充和完善，是市场营销观念的发展和延伸，是在特定社会背景下社会对企业提出的新要求。

五种营销观念比较见表1-1。

表1-1　五种营销观念比较

观念 项目	生产观念	产品观念	推销观念	市场营销观念	社会营销观念
产生环境	市场严重供不应求；成本过高	市场供求状况缓和	市场由供不应求向供过于求过渡	市场供过于求	消费环境恶化
具体表现	重生产，轻营销，以产定销	重视产品质量，不注重产品销售	推销现有产品，忽视买方实际需求；重视成交率，忽视长期关系	基本思想：组织目标实现有赖于对目标市场的需求和欲望的正确判断，并能以比竞争对手更有效的方式去满足消费者的需求（客户中心论）	核心思想：企业在满足消费者需求并追求经济利益的同时能够最大限度地兼顾社会总体利益（社会中心论）
营销重点	增加产量、降低成本（企业中心论）	生产高质量、多功能和具有某种特色的产品	积极推销和大力促销		

> **小贴士**
>
> ### 吉利汽车生产的理念
>
> 我们可以看看吉利汽车的创办人李书福的一些关于汽车生产的理念。
>
> 企业成立之初,他旗帜鲜明地提出:"造中国老百姓买得起的轿车。"他通过大幅度降低汽车的生产成本和销售价格,让中国老百姓第一次与汽车可以"亲密接触"。后来随着企业规模的发展壮大,以及产品技术的逐步成熟,他提出了"造中国老百姓买得起的好车"。从汽车技术和功能上进一步满足消费者的需要,把消费者的利益放在显著位置。随着企业规模进一步扩大,他又提出了"造最安全、最节能、最环保的轿车"。这就体现了吉利汽车不仅关注自身利益,还关注消费者利益,更加关注社会利益,尤其体现了环保意识,这就与时代的主旋律融合在一起。吉利汽车经营观念的不断更新是针对企业面临的不同环境提出的应对策略。

任务实施

实施步骤:学生每2~3人为一组,每组选出一名组长,负责协调组内成员的工作。每组需完成以下任务。

(1)认真研读教师提供的案例情景。

(2)根据案例说出汽车营销观念的类型。

(3)研讨案例问题。

(4)小组内派代表汇报。

(5)填写任务工单(表1-2),总结实训经验和收获。

表1-2 任务工单

任务:汽车营销观念分析		实训时长:30 min	
组名	班级		学号
实训日期	教师		评分
实训内容 关于汽车营销观念的案例分析			
案例: **福特汽车公司与通用汽车公司的较量** 从19世纪末到20世纪初的最初10年,汽车生产规模很小,作为奢侈品只有少数富人才买得起。亨利·福特最早意识到在合理的价格上生产和出售汽车的潜在价值。随着世界上第一条汽车生产流水装配线在福特汽车厂使用,汽车的生产方式发生了革命性的改变。它带动了汽车产量的不断上升及汽车价格的不断下降。福特T型车在1909年的价格为900美元,到1914年降到了440美元,1916年降到了360美元。销售量从1909年的5.8万辆直线上升到1916年的73万辆。在此过程中,福特运用低价策略占领了市场。			

续表

  20世纪20年代后期，消费者开始追求个性化，福特生产的物美价廉的T型车已不能全面满足多元化的市场需求。但福特汽车公司仍然实行"以产定销"的策略，以"黑色车"作为福特汽车公司的象征。老福特说："不管客户需要什么，我的车就是黑的。"结果，T型车在竞争中日渐失利。
  通用汽车公司很快抓住了这个机会，生产出时髦高档的、外形和颜色好看的汽车，取代了福特公司的主导地位。到了20世纪50年代，消费者开始喜好外形小巧的汽车，大众汽车公司和日本企业留意并抢先占领了这个新的市场。
  20世纪60年代，汽车工业面临的最严重问题是环境污染和安全，汽车设计也随之改变，更注重废气控制，并出现了安全带。20世纪70年代，由于石油价格的上升，以日本汽车为代表的便宜、省油的汽车在市场上处于有利地位。到20世纪80年代，消费者更加注重汽车质量，日本汽车公司将质量更好的汽车投入市场

讨论内容：
1. 从上面的汽车发展史中，指出汽车营销观念的类型。你能得到什么启发？

2. 为什么一个产品会因为不能适应市场和消费者的变化而被淘汰？为什么畅销的产品没有人喜欢了？

总结实训经验和收获：

> **任务考核/评价**

评价表见表 1-3。

表 1-3　评价表

评分项	评分子项目	评分细则	自我评价	小组评价	教师评价
纪律 （5分）	1. 不迟到； 2. 不早退； 3. 学习用品准备齐全； 4. 积极参与课程问题思考和回答； 5. 积极参与教学活动	未完成1项扣1分，扣分不得超过5分			
职业素养 （15分）	1. 积极与他人合作； 2. 积极帮助他人； 3. 遵守礼仪礼节； 4. 做事态度严谨认真； 5. 具备劳动精神，能主动做到场地的6S管理	未完成1项扣5分，扣分不得超过15分			
专业技能 （40分）	1. 了解汽车营销的含义； 2. 掌握汽车的营销观念； 3. 掌握汽车新营销观念； 4. 能运用汽车营销观念分析汽车营销案例	未完成1项扣10分，扣分不得超过40分			
工具及设备的使用 （20分）	1. 能正确使用平板电脑、手机上的一些图片处理和视频拍摄软件； 2. 能正确使用数据收集工具	未完成1项扣10分，扣分不得超过20分			
任务工单填写 （20分）	1. 字迹清晰； 2. 语句通顺； 3. 无错别字； 4. 无涂改； 5. 无抄袭； 6. 内容完整； 7. 回答准确； 8. 有独到的见解	未完成1项扣5分，扣分不得超过20分			

❖ **拓展阅读**

理想汽车的品牌理念

理想汽车是一个年轻的品牌，但有着非常强大的品牌影响力。理想汽车的品牌理念是"为每个家庭提供最理想的出行方式"。这是一个非常贴近用户需求的理念，也是一个非常有远见的理念。理想汽车不仅是一家汽车制造商，还是一家出行服务提供商，它致力于为用户提供更加智能、安全、舒适、环保的出行体验。理想汽车的品牌形象是"理想一生"，这是一个非常有情感的形象，也是一个非常有诚信的形象。

任务二

汽车营销环境分析

任务描述

汽车营销环境是汽车企业或组织在进行营销活动时所面临的外部和内部条件，它影响汽车企业的生存和发展。熟悉和分析汽车营销环境是进行汽车营销相关活动的基本前提和基础。

任务目标

1. 了解我国汽车行业现状。
2. 熟悉汽车营销环境分类。
3. 掌握汽车营销环境分析方法。
4. 引导学生深入思考自身层面、社会层面和国家层面的优势、劣势、机会和威胁（SWOT），体会社会主义制度的优越性。

任务分析

要完成本学习任务，可以按照以下流程进行。
1. 对我国汽车行业发展状况进行全方面的回顾与总结。
2. 进一步了解我国汽车营销环境情况。
3. 对汽车企业的营销环境进行 SWOT 分析，运用 SWOT 法分析各类汽车营销环境的优势、劣势、机会与威胁。

完成本学习任务需要准备的工作场景和设备如下。
1. 汽车行业发展状况的数据。
2. 汽车营销环境的优势、劣势与机会、威胁资料。
3. 其他需要用到的工具。

完成本任务所需的知识详见后续相关知识中的各知识点。

相关知识

知识点一　我国汽车市场现状

一、汽车产业高速发展，产销量增长有所放缓

近年来，我国汽车产业呈高速发展态势。2009年，我国一跃成为世界第一大汽车产销国，截至目前，我国汽车产销量已经连续15年稳居世界首位。与此同时，随着国内宏观经济放缓，中国汽车产销量增速自2014年开始出现明显放缓，但受到购置税优惠政策等促进因素的影响，我国汽车产销量增速在2016年出现明显反弹，截至2023年年底，我国汽车千人保有量达到了235辆左右，预计2030年将逼近300辆。基本完成了第一次普及，我国汽车行业开始进入成熟期的新阶段（图1-2）。

资料来源：中国汽车工业协会

图1-2　我国2001—2023年汽车销量情况

二、产品结构趋于合理，基本满足市场的需求

传统的观念正在发生改变，人们收入越来越高，车价越来越低，汽车已经从奢侈品变成一个大家电，购车过程中面子的诉求越来越少，实用的需要越来越高（图1-3）。

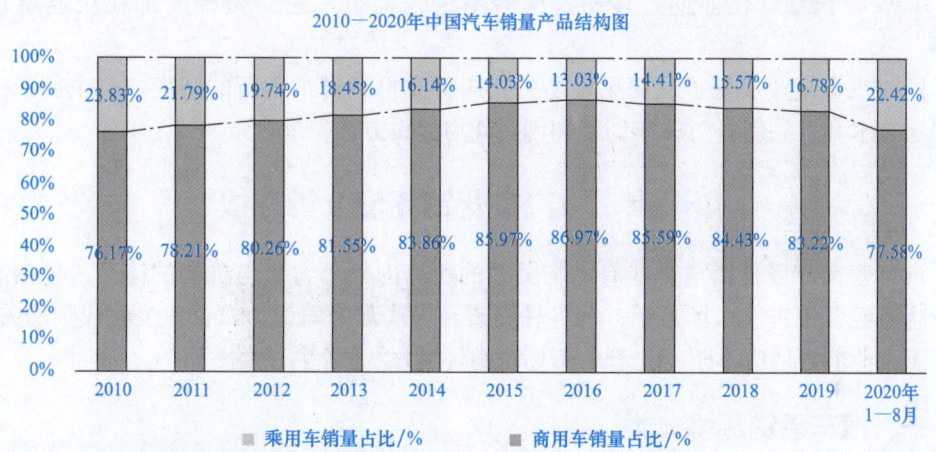

资料来源：中国汽车工业协会前瞻产业研究院整理

图1-3　我国2010—2020年商乘用车销量对比情况

三、新能源汽车迎来爆发式增长

环保、节能成为世界汽车工业发展的时尚理念，我国新能源汽车最近10年来的发展可谓神速，连续9年位居全球第一。在政策和市场的双重作用下，2023年，新能源汽车持续快速增长，新能源汽车产销量分别完成958.7万辆和949.5万辆，同比分别增长35.8%和37.9%，市场占有率达到31.6%，高于2022年同期5.9个百分点（图1-4）。

2015-2023年中国新能源汽车销量及渗透率情况（单位：万辆，%）

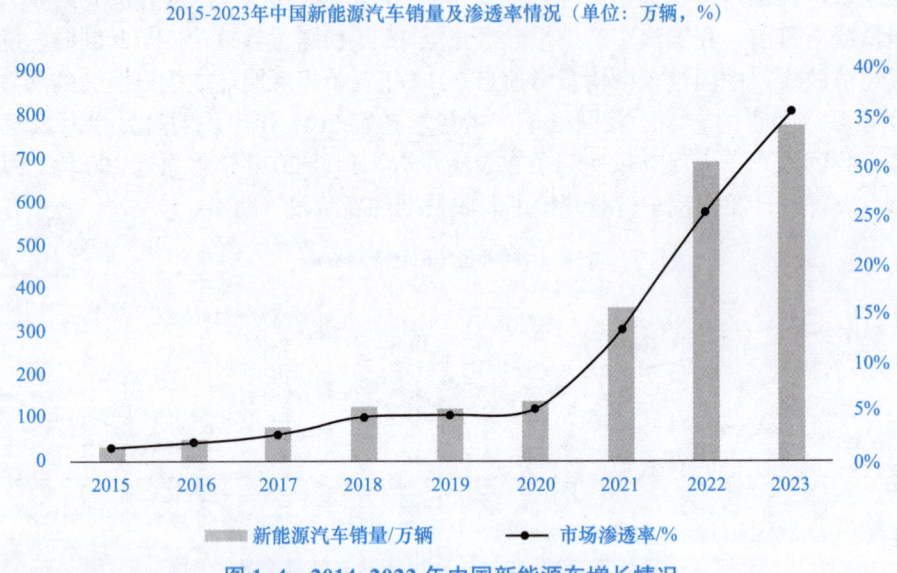

图1-4　2014-2023年中国新能源车增长情况

四、自主品牌集体发力

自主品牌也逐步建立了从研发、生产、销售的完整体系，而且更注重高质感的原创设计、更严格的新车试制测试，也让不少自主品牌不断突破价格天花板，吉利、长安、长城、比亚迪、传祺、宝骏不论是销量，还是美誉度都在快速增长和提高。

国内汽车企业实现了从简单模仿到正向开发再到自主创新的转变，自主创新已经从单项技术和产品创新向集成创新和创新能力建设方面发展。

知识点二　汽车营销环境分析方法

汽车营销环境是指与企业有潜在关系的所有内外部力量与机构的体系，包括影响汽车企业经营销售（市场营销）的各种因素。现代营销学认为，企业经营成败的关键，就在于企业能否适应不断变化着的市场营销环境，"适者生存"。

一、汽车营销环境分类

汽车营销的环境可以划分为宏观环境和微观环境两种类型（图1-5）。

```
          汽车营销环境
         ┌────┼────┐
         ▼         ▼
   汽车企业外部环境   汽车企业内部环境
         │         │
         ▼         ▼
   汽车营销宏观环境   汽车营销微观环境
```

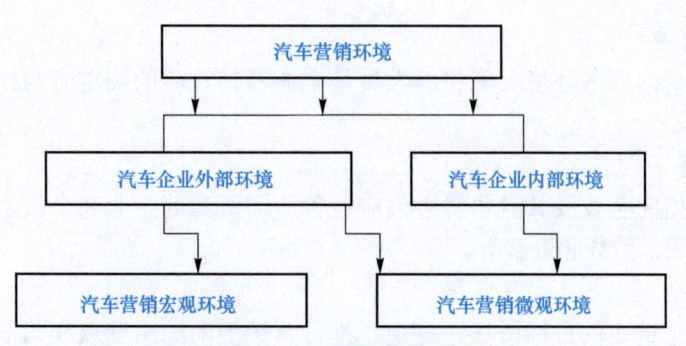

图 1-5　汽车营销环境分类

（一）汽车营销宏观环境

汽车营销宏观环境是指汽车营销组织所面临的人口、经济、政治、法律、科学技术、社会文化及自然地理等多方面的因素。这些宏观力量及其发展给企业的市场营销提供机会的同时也造成了环境威胁。

1. 人口环境

人口环境是指国家或地区的人口数量、人口质量、家庭结构、人口年龄分布及地域分布等因素的现状及变化趋势。

2. 经济环境

经济环境是指社会购买力（消费者个人和社会集团购买力）。经济环境决定市场需求的大小。

3. 自然环境

自然环境是指影响汽车使用的各种客观因素，包括自然气候、地理因素、车用燃油、公路交通、城市道路交通等。

4. 社会文化环境

社会文化环境是指一个国家、地区或民族的传统文化，包括价值观、宗教观念和消费习俗等。

5. 政策和法律环境

政策和法律环境是指对汽车产品的营销活动产生明显影响的政府有关方针、经济政策和法律法规等。

（二）汽车营销微观环境

汽车营销微观环境是指存在于企业周围并密切影响其营销活动的各种因素和条件，汽车营销微观环境的参与者包括制造商、供应商、营销中间商、客户、竞争者及社会公众等（图 1-6）。

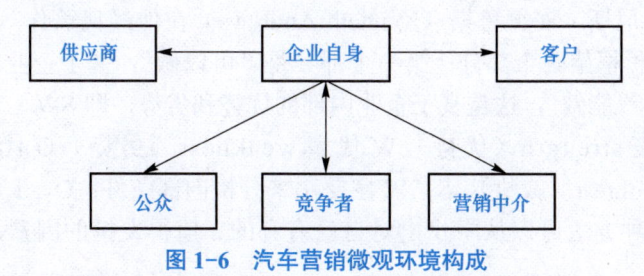

```
   供应商 ◄──► 企业自身 ◄──► 客户
                 ▲
         ┌───────┼───────┐
         ▼       ▼       ▼
        公众   竞争者   营销中介
```

图 1-6　汽车营销微观环境构成

1. 企业自身

在企业自身内部各环境要素中，人员是企业营销策略的确定者与执行者，是企业最重要的资源。

2. 供应商

供应商是指向企业及其竞争对手供应各种所需资源的企业和个人，包括提供原材料、设备、能源、劳务和资金等。

3. 客户

客户也就是企业的目标市场，是企业进行营销活动的出发点和归宿，即企业的一切营销活动都应该以满足客户需求为中心。

4. 营销中介

营销中介是指在促销、销售，以及把产品送到最终购买者方面给企业提供帮助的机构，它包括中间商、实体分配公司、营销服务机构和财务中间机构等。

5. 公众

公众是指对企业实现其目标的能力有实际或潜在的兴趣或影响的任何团体。

> **小贴士**
>
> 在通常情况下，企业所面临的主要公众如下。
> （1）金融公众：影响企业获得资金的团体，如银行、投资公司等。
> （2）媒体公众：具有广泛影响的大众媒体，对消费者具有导向作用。
> （3）政府公众：管理企业活动的政府机构。
> （4）市民行动公众：各种消费者权益组织、环保组织等，影响消费者对企业产品的信念。
> （5）地方公众：企业附近的居民、地方官员。
> （6）企业内部公众：如董事会、经理、职工等。

6. 竞争者

企业在制定营销策略前必须先弄清楚竞争对手，特别是同行业竞争对手的生产经营状况，做到知己知彼。

二、汽车营销环境分析法

1. SWOT分析方法的含义

1971年，肯尼斯·安德鲁斯（Kenneth Andrews）在他经典著作《企业战略概念》中提出了战略分析框架两个部分：第一个部分是"可以做"，基于企业的外部环境，即OT，第二部分是"能做"，这是基于企业内部的优势和劣势，即SW。

其中，S代表strength（优势），W代表weakness（劣势），O代表opportunity（机会），T代表threat（威胁）。S、W主要用来分析内部条件；O、T主要用来分析外部条件。利用这种方法可以从中找出对自己有利的、值得发扬的因素，以及对自己不利的、要避开的东西，发现存在的问题，找出解决办法，并明确以后的发展方向。

2. SWOT 分析方法的使用

（1）分析企业的内部优势、劣势。既可以是相对企业目标而言的，也可以是相对竞争对手而言的。

（2）分析企业面临的外部机会与威胁。可能来自与竞争无关的外部环境因素的变化，也可能来自竞争对手力量与因素变化，或两者兼有，但关键性的外部机会与威胁应予以确认。

（3）将外部机会和威胁与企业内部优势和劣势进行匹配，形成可行的战略。

3. SWOT 分析模型

SWOT 分析模型如图 1-7 所示。

内部因素 外部因素	优势（S）	劣势（W）
机会（O）	S-O 发挥优势 利用机会	W-O 利用机会 克服劣势
威胁（T）	S-T 发挥优势 回避威胁	W-T 克服劣势 回避威胁

图 1-7　SWOT 分析模型

SWOT 分析模型中包含着四种竞争战略。

（1）SO 战略（增长型战略），即外部的机会就是你的优势，这时候要找到趋势、加强优势。

（2）WO 战略（扭转型战略），即外部的机会就是你的劣势，这时候要扭转劣势、抓住机会。

（3）ST 战略（多种经营战略），即用自身优势分散外部的威胁，那就需要多种经营、保持警惕。

（4）WT 战略（防御型战略），即外部没有机会自身也有劣势，这就需要收缩边界、聚焦资源。

任务实施

实施步骤：学生每 2～3 人为一组，每组选出一名组长，负责协调组内成员的工作。每组需完成以下任务。

（1）认真研读教师提供的材料。

（2）根据材料要求对汽车营销环境进行整理归纳。

（3）研讨问题。

（4）小组内派代表汇报。

（5）填写任务工单（表 1-4），总结实训经验和收获。

表1-4　任务工单

任务：新能源汽车营销环境分析				实训时长：40 min	
组名		班级		学号	
实训日期		教师		评分	

实训内容　利用SWOT分析法对我国新能源汽车营销环境进行分析

基本情况：新能源汽车主要包括以下几类：纯电动汽车（BEV）、混合动力汽车（HEV）、插电式混合动力汽车（PHEV）、增程式电动汽车（REEV）和燃料电池汽车（FCEV）等。
要求：①在分析过程中，需先对新能源汽车的概念与种类进行详细了解。
②每组学生选定其中一个类型，利用SWOT分析法开展具体分析，形成PPT文档。
③准备好小组的汇报

讨论内容：
1. 新能源汽车（某类）的优势有什么？

2. 新能源汽车（某类）的劣势有什么？

3. 新能源汽车（某类）的机会有什么？

4. 新能源汽车（某类）的威胁有什么？

总结实训经验和收获：

任务考核/评价

评价表见表1-5。

表1-5 评价表

评分项	评分子项目	评分细则	自我评价	小组评价	教师评价
纪律 （5分）	1. 不迟到； 2. 不早退； 3. 学习用品准备齐全； 4. 积极参与课程问题思考和回答； 5. 积极参与教学活动	未完成1项扣1分，扣分不得超过5分			
职业素养 （15分）	1. 积极与他人合作； 2. 积极帮助他人； 3. 遵守礼仪礼节； 4. 做事态度严谨认真； 5. 具备劳动精神，能主动做到场地的6S管理	未完成1项扣5分，扣分不得超过15分			
专业技能 （40分）	1. 了解汽车营销宏观环境； 2. 掌握汽车营销微观环境； 3. 掌握汽车营销环境分析方法； 4. 熟悉SWOT法； 5. 能进行汽车营销环境的分析； 6. 掌握汽车营销策略	未完成1项扣10分，扣分不得超过40分			
工具及设备的使用 （20分）	1. 能正确使用平板电脑、手机上的一些图片处理和视频拍摄软件； 2. 能正确使用数据收集工具	未完成1项扣10分，扣分不得超过20分			
任务工单填写 （20分）	1. 字迹清晰； 2. 语句通顺； 3. 无错别字； 4. 无涂改； 5. 无抄袭； 6. 内容完整； 7. 回答准确； 8. 有独到的见解	未完成1项扣5分，扣分不得超过20分			

❖ **拓展阅读**

特斯拉的成功

　　特斯拉作为电动汽车市场的领军企业，其成功很大程度上应归因于对市场趋势的敏锐洞察和响应。随着环保意识的增强和政府对新能源汽车政策的支持，消费者对电动汽车的需求不断增长。特斯拉通过创新的技术、独特的设计和强大的品牌传播，成功抓住了这一市场机遇，实现了快速增长。

模块二
汽车目标市场分析

模块介绍

汽车企业需要进行全面的市场调查，了解当前汽车市场的趋势、目标客户和竞争对手等信息，这可以通过市场调查、数据分析、消费者研究等方式获得。根据市场调查结果，汽车企业可以借助一定的市场细分方法来确定自己的目标市场。针对选定的目标市场，汽车企业需要确定产品的定位。产品的定位应该与目标市场的需求和竞争对手的产品进行差异化，突出自身的优势和特点，同时考虑产品的生命周期和升级换代的需求。

任务一
汽车市场调查

任务描述

了解汽车市场调查的目的和目标，收集相关的文献资料，包括行业报告、专业网站、行业协会数据等，帮助了解汽车市场的背景和历史。另外，根据调查目的和问题，设计一份调查问卷，问卷应包含与目的相关的问题，并确保问题清晰明了。此外，还要考虑问卷的受众群体和样本数量。

任务目标

1. 了解汽车市场调查的概念。

2. 熟悉汽车市场调查的内容和方法。
3. 能熟练运用汽车市场调查。
4. 通过完成市场调查的各项任务，把尊重市场与发挥人的主观能动性合理统一，养成知行合一，细心耐心的品格。

任务分析

要完成本学习任务，可以按照以下流程进行。
1. 掌握汽车市场调查的方式与方法，从书面调查和实地调查两方面来展开。
2. 全面实施汽车市场调查的内容与步骤。
3. 根据调查目标设计一份合理的汽车市场调查问卷。

完成本学习任务需要准备的工作场景和设备如下。
1. 汽车销售工作包，内含汽车客户资料卡、名片、笔、便笺纸等。
2. 上网设备与调查问卷。
3. 其他需要用到的工具。

完成本任务所需的知识详见后续相关知识中的各知识点。

相关知识

知识点一　汽车市场调查分析

汽车市场调查是指个人或组织对那些可以用来解决汽车设计、生产、制造、管理和营销等问题的信息进行的设计、收集、分析和报告的过程。

一、汽车市场调查的步骤

汽车市场调查是一项涉及面广、复杂的认识活动，它一般可分为三个阶段，如图 2-1 所示。

```
                          ┌─ 明确市场调查的任务
            ┌─ 设计调查方案阶段 ─┤
            │              └─ 制订市场调查的方案
市场调查步骤 ─┼─ 正式调查阶段 ── 实施调查方案
            │              ┌─ 系统分析样本
            └─ 撰写调查方案阶段 ─┤
                          └─ 撰写调查报告
```

汽车市场调研

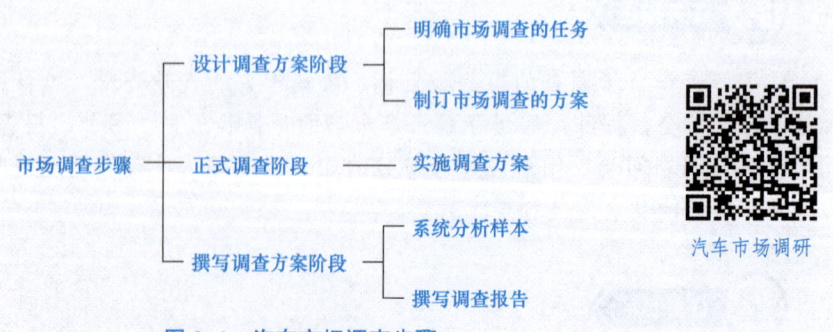

图 2-1　汽车市场调查步骤

二、汽车市场调查的内容

一般来说，汽车市场调查的内容主要涉及以下四个方面。

1. 社会环境调查

一个地区的社会环境是企业自身难以驾驭和影响的，只有在了解的基础上去适应它，并将其为己所用，才能取得经营的成功。

2. 汽车市场需求调查

汽车市场需求调查主要包括汽车消费需求调查、汽车消费结构调查、汽车消费者行为调查、潜在市场调查。

3. 汽车营销组合调查

汽车营销组合调查是汽车经营企业的周期性调查项目，由产品、定价、分销渠道和促销方式四个方面组成。

4. 竞争对手状况调查

汽车企业要想使自己在激烈的市场竞争中处于有利地位，就要做到"知己知彼"，因此要对竞争对手状况进行调查。

> **小贴士**
>
> **通用汽车的差异化调查**
>
> 有人统计，在同质化竞争严重、汽车企业大打价格战的背景下，通用汽车坚持走差异化的路线，保持了 25% 的高速增长，这具体是如何实现的呢？
>
> 通用汽车表示，差异化有两个层次的意思：一个层次是"我有你没有"；另一个层次是"你有我也有，但我与你不同"或是"你不说我说，首先创造一个概念、占据一个位置"。前一种差异化是客观存在的，如产品、风格的不同；而后一种差异化是创造出来的，在产品、风格相同的情况下，打造一个全新的概念，打开一个新的细分市场。

三、汽车市场调查的方法

市场调查的方法可分为两大类：第一类是按选择调查对象来划分，有全面普查法、重点调查法、随机抽样法、非随机抽样法等；第二类是按调查对象所采用的具体方法来划分，有文案调查法和实地调查法两种方法。其中，实地调查法主要包括访问法、观察法和实验法三种调查方法。下面结合汽车市场对第二类调查方法进行具体阐释。

1. 文案调查法

文案调查法又称间接调查法，是利用企业内部和外部现有的各种信息、情报，对调查内容进行分析研究的一种方法。文案调查是收集已经加工过的文案，而不是对原始资料的收集。

2. 访问法

访问法是指将所拟调查的事项，以当面或电话或书面形式向被调查者提出询问，以获得所需资料的调查方法。按照调查者与被调查者接触方式的不同，访问法可分为面谈调查、邮寄调查、电话调查、留置调查和网络调查等多种形式。

（1）面谈调查。面谈调查，即调查者同被调查者面对面接触，通过有目的的谈话取得所需资料的方法。

（2）邮寄调查。邮寄调查，即将设计好的询问表寄给被调查者，由被调查者根据调查表的要求填妥后寄还调查者的调查方法。

（3）电话调查。电话调查，即通过电话向被调查者对所调查的内容征求意见的调查方法。电话调查是迅速得到所需要信息的最好方法，比邮寄问卷灵活性高，回收率也高。

（4）留置调查。留置调查，即调查者将调查表或调查提纲通过邮局或当面交给被调查者，并详细说明调查的目的要求，由被调查者事后自行填写答案，再由调查者按约定日期收回的调查方法。

（5）网络调查。网络调查，即调查者将所要询问的问题，输入网络，请求网络作答。

3. 观察法

观察法是在不向当事人提问的条件下，通过各种方式对调查对象做直接观察，在被调查者不知不觉中的情况下，观察和记录其行为、反应或感受。

4. 实验法

实验法在收集市场研究资料中应用广泛，特别是在因果关系的研究中，实验法是一种非常重要的工具。

知识点二　汽车市场调查问卷设计

无论何种市场调查方法，问卷是经常采用的方式之一。它通过精心设计的一组问题来征求被调查者的答案，并从中筛选出出卷人想要了解的问题及答案。

一、调查问卷的基本结构

一份完整的调查问卷通常由开头部分、背景部分、主体部分和结尾部分组成。

1. 开头部分

开头部分一般包括问卷标题、问卷说明和问卷编号等内容。对于不同的问卷来说，开头部分的内容会有一定的差别。

（1）问卷标题。问卷标题，即问卷的题目，它概括说明了调查研究的主题，使被调查者对所要回答哪方面的问题有一个大致的了解。标题应简明扼要，易于引起被调查者的兴趣。例如，"汽车4S专卖店客户满意度调查""二手车交易问卷调查"等。

（2）问卷说明。问卷说明，旨在向被调查者说明调查的目的、意义，主要包括问候语、填表说明、交表时间、地点及其他事项说明等。

（3）问卷编号。在进行调查研究时，对于每份填写的问卷都需要有一个唯一的编号，编号位置可以帮助调查者更快速、准确地进行数据录入、检查及分析，从而提高研究工作的效率和质量。

2. 背景部分

背景部分是指被调查者的一些主要特征，如在消费者调查中，消费者的性别、年龄、民族、家庭人口、婚姻状况、文化程度、职业、单位、收入和所在地区等。

3. 主体部分

主体部分是调查问卷的核心部分，也是调查问卷中最重要的部分。它包括所要调查的全部问题，主要以提问的形式提供给被调查者，这部分内容设计得好坏，直接影响整个调查的价值。主体部分可分为主题内容和编码两部分。

（1）主题内容。主题内容由问题和答题组成，主要包括以下几方面。

1）对人们的行为进行调查，包括对被调查者本人行为进行了解或通过被调查者了解他人的行为。

2）对人们的行为后果进行调查。

3）对人们的态度、意见、感觉和偏好等进行调查。

（2）编码。编码是将问卷中的调查项目变成数字的工作过程。通常是在每一个调查项目的最左边按顺序编号，如①您的姓名；②您的职业；……

4. 结尾部分

一份完整的调查问卷，通常还在问卷正式内容的最后记载关于调查过程的记录和被调查者的联系方式。

二、问题设计技术

1. 问句形式分类

（1）封闭式问题有一组事先设计好的答案供调查对象选择。这类问题比较容易提问、回答、处理和分析。

例如：对于购买私人汽车您认为是否应有适当限制？

A．是

B．否

C．看情况而定

（2）开放式问题不提供事先设计好的答案，供调查对象选择。

例如：您对私人购车有何看法？

2. 问句表述

（1）问句表达要简洁，通俗易懂，意思明确，不要模棱两可，避免用一般或经常等意思的语句。

例如："您最近经常驾驶汽车吗？"这里"最近"是指"近一周"还是"近一月""近一年"；"经常"是指间隔多久，意思不明。

（2）问题要单一，避免多重含义。

例如："您认为我公司的维修技术和服务质量怎样？"维修技术和服务质量是两个问题，消费者不好作答。

（3）避免过于涉及个人隐私。

例如："您今年几岁？""您结婚了吗？"可转换为"您是哪一年出生的？""您先生从事何种工作？"

（4）调查语句要有亲切感，并应考虑到答卷人的自尊。

例如：您暂时不买小轿车的原因是（   ）。

A．买不起

B．款式不好

C．使用率不高

D．不会驾驶

3. 问题的顺序

（1）容易回答的问题放在前面，慢慢引入比较难答的问题。

（2）先封闭式问题，后开放式问题。

（3）私人问题和易引起对方困扰的问题应最后提出。

（4）问卷要简短，为避免被调查者太劳累，一般以 15 min 内能全部答完为宜。

任务实施

实施步骤：学生每 2～3 人为一组，每组选出一名组长，负责协调组内成员的工作。每组需完成以下任务。

（1）认真研读教师提供的材料。

（2）确定汽车市场调查目标，确定需要了解的特定领域，比如市场份额、品牌知名度、消费者偏好等。

（3）收集二手资料，了解市场背景和竞争态势，为后续的数据收集提供参考。

（4）确定调查方式和方法，通过在线或离线问卷、电话访谈、面对面访谈等方式进行数据收集。

（5）设计调查问卷或访谈指南，根据研究目标和问题，设计针对消费者的调查问卷或访谈指南。

（6）数据整理分析，将收集到的数据进行整理，使用统计分析工具进行数据分析。

（7）小组内派代表汇报。

（8）填写任务工单（表 2-1），总结实训经验和收获。

表 2-1　任务工单

任务：汽车市场调查分析		实训时长：40 min	
组名		班级		学号	
实训日期		教师		评分	

实训内容　某汽车消费市场调查方案设计

某品牌汽车厂家想进行一次针对大学生汽车消费的调查活动，本次活动的主要目的是了解大学生最喜欢的车型、车辆颜色、功能配置等，请为本次调查设计一份研究方案

讨论内容：

1. 确定汽车市场调查目标是什么？

2. 确定调查方式和方法分别是什么？

3. 设计一份针对性的调查问卷。

总结实训经验和收获：

任务考核/评价

评价表见表2-2。

表2-2 评价表

评分项	评分子项目	评分细则	自我评价	小组评价	教师评价
纪律 （5分）	1. 不迟到； 2. 不早退； 3. 学习用品准备齐全； 4. 积极参与课程问题思考和回答； 5. 积极参与教学活动	未完成1项扣1分，扣分不得超过5分			
职业素养 （15分）	1. 积极与他人合作； 2. 积极帮助他人； 3. 遵守礼仪礼节； 4. 做事态度严谨认真； 5. 具备劳动精神，能主动做到场地的6S管理	未完成1项扣5分，扣分不得超过15分			
专业技能 （40分）	1. 会进行汽车市场调查； 2. 掌握不同的调查方法； 3. 实地调查； 4. 面谈访问； 5. 网上访问； 6. 电话访问； 7. 观察法； 8. 调查问卷设计	未完成1项扣5分，扣分不得超过40分			
工具及设备的使用 （20分）	1. 能正确使用平板电脑、手机上的一些图片处理和视频拍摄软件； 2. 能正确使用调查问卷等工具	未完成1项扣10分，扣分不得超过20分			
任务工单填写 （20分）	1. 字迹清晰； 2. 语句通顺； 3. 无错别字； 4. 无涂改； 5. 无抄袭； 6. 内容完整； 7. 回答准确； 8. 有独到的见解	未完成1项扣5分，扣分不得超过20分			

❖ **拓展阅读**

不同的汽车市场

似乎是在一夜之间，中国汽车市场就从一个竞争最不充分的市场变成了竞争最激烈的市场。10 多年前，中国还是桑塔纳、捷达、富康"老三样"一统天下。但 10 多年之后，市场上的竞争者超过了 200 个，每一个以万元为单位的价格区间，都有十几款车型在竞争。正如原上汽通用汽车总经理丁磊所感叹的那样："没有哪个国家的消费者像中国这样，有如此差异化的消费需求；也没有哪个国家的汽车市场像中国这样，极度多元化、细分化。"现在，所有的汽车厂家都在思考一个问题：市场已经拥挤得无法再进一步细分了，如何寻找新的细分市场？

任务二

汽车市场细分

任务描述

前述汽车市场调查所得到的一些调查数据为本任务的展开打下了相应的市场基础，在汽车市场细分和目标市场的选择方面，学生可以形成利用汽车营销方法探究问题的能力，养成良好的思维习惯。

任务目标

1. 熟悉汽车市场细分的标准。
2. 掌握目标客户与竞争对手的分析方法。
3. 具备汽车市场细分的能力。
4. 具有对目标客户与竞争对手进行分析的能力。
5. 通过分析目标客户与竞争对手，形成凡事"知己知彼"的处世观。

任务分析

要完成本学习任务，可以按照以下流程进行。
1. 通过市场细分，进一步确定目标市场，对竞争对手进行分析。
2. 以小组为单位，进行市场细分和目标市场定位的实施。
3. 给出合理的案例，让学生找出解决问题的各种思路对策。

完成本学习任务需要准备的工作场景和设备如下。
1. 展车和产品宣传资料。
2. 竞品资料。
3. 其他需要用到的工具。
完成本任务所需的知识详见后续相关知识中的各知识点。

相关知识

知识点一　汽车目标市场选择

按照汽车分类标准，汽车市场可分为：乘用车市场，是指9座及以下的客车市场；商用车市场，是指9座以上载客汽车和载货汽车市场。

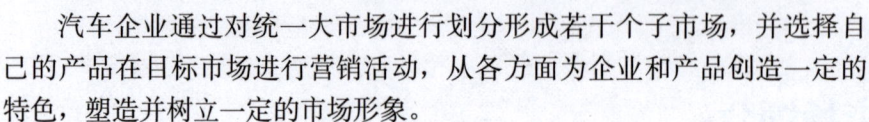

汽车企业通过对统一大市场进行划分形成若干个子市场，并选择自己的产品在目标市场进行营销活动，从各方面为企业和产品创造一定的特色，塑造并树立一定的市场形象。

汽车市场细分

一、市场细分

市场细分也称市场细分化（Marketing Segmentation），是指根据整体市场上客户需求的差异性，以影响客户需求和欲望的某些因素为依据，将一个整体市场划分为两个或两个以上的客户群体，每一个需求特点相类似的客户群就构成一个细分市场（或子市场）。

一般来说，影响汽车市场细分的因素可以归结为地理因素、人口因素、心理因素和行为因素四类。

（1）按地理和气候因素来划分：寒冷地带的汽车用户，对汽车的防冻、防滑安全有较高的要求；炎热潮湿地带的汽车用户，对汽车的空调制冷、漆面保护等有较高的要求；平原地区的汽车用户，希望车辆高速行驶稳定性好；而丘陵山地的汽车用户更关注车辆的通过性等。

（2）按人口因素来划分：因性别、年龄、收入、职业、教育、家庭、种族、宗教信仰等的差异而形成的对汽车产品的不同需求，从而细分汽车市场。

（3）按心理因素来划分：不同的生活方式、性格和偏好等心理因素方面的差异促成了消费者不同的消费倾向，形成了对汽车档次、品牌、价格、功能、款式和色彩方面的差异性需求。

（4）按行为因素来划分：行为因素是消费者购买汽车的理由，汽车消费者行为因素体现在为什么要购买，是用来代步，还是商用或出游；是追求实用，还是追求时尚；是即刻购买，还是持币待购等消费类型（表2-3）。

表 2-3 消费者基本需求及需求差异

潜在消费者基本需求	潜在消费者的不同需求
用途与功能性要求	商务用车、代步用车、多功能用车、休闲旅游用车
款型要求	三厢轿车、两厢轿车、多功能车、越野车
级别要求	高级豪华车、中高级车、中级车、普通型车、微型车
外形要求	古朴典雅型、稳重大方型、时尚新潮型

二、汽车目标市场

汽车企业在完成市场细分后，就必须评价各种细分市场，决定为多少个细分市场服务，并根据客观条件选择好目标市场。

1. 评估细分市场

细分市场是否有效，能否成为企业的备选目标市场，要对细分市场进行评价。有效的细分市场应具备以下五个条件。

（1）可测量性，即各子市场的购买力能够被测量。市场范围、市场大小、市场容量和市场潜力应能量化，并足够大，有一定发展潜力。

（2）可进入性，即企业利用自身的资源、技术专长和产品开发能力能够进入所选定的子市场。

（3）可盈利性，即企业进行市场细分后所选定的子市场的规模和市场中的行业利润足以使企业有利可图。

（4）可区分性，即细分市场对企业市场营销组合中的任何一项因素的变动能作出差异性的反应。

（5）可行动性，即企业能制订有效的营销方案吸引和服务细分市场。

2. 目标市场模式

汽车企业对目标市场进行科学评估后，就必须选择进入哪些市场并提供相应的服务。企业可以进入的目标市场模式有以下五种（图 2-2）。

（1）产品-市场集中化模式。企业只生产一种产品，只供应某一类客户群。

（2）产品专业化模式。企业专注于某一类产品的生产，并将其产品推销给各类客户。

（3）市场专业化模式。企业向某一个专业市场（某专业客户群）提供所需要的各种产品。

（4）选择专业化模式。企业有选择地进入几个不同的细分市场，其中每个细分市场都具有吸引力，且符合企业的目标和资源水平。

（5）全面覆盖模式。全面覆盖模式就是要面对整个市场，为满足各个细分市场上不同的需要，分别设计不同的产品，采取不同的市场营销方案，分别向各个细分市场提供各种不同品种的产品，并以所有的细分市场为目标的营销策略。

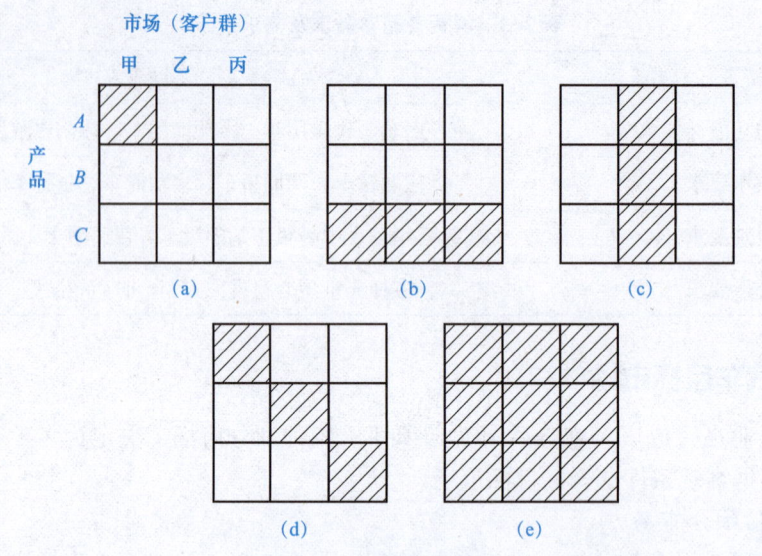

图 2-2 目标市场模式

(a) 产品-市场集中化；(b) 产品专业化；(c) 市场专业化；(d) 选择专业化；(e) 全面覆盖

> **小贴士**
>
> **福特"野马"车市场**
>
> 美国福特汽车公司的"野马"车面世时，福特是按照购买者年龄来细分汽车市场的，因为该公司的"野马"牌轿车是专门为那些想买便宜跑车的年轻人而设计的，但是令人惊讶的是，事实上不仅某些年轻人购买"野马"车，而且许多中、老年人也购买"野马"车。经过市场调查，福特汽车公司找到了原因，因为这些中、老年购买者认为"野马"车可使他们显得年轻，富有活力。这时，福特汽车公司的管理当局认识到，"野马"车的目标市场不应只是年轻人，而应该是所有心理上年轻的人。福特汽车公司及时修改了目标市场，营销战略大获成功。

三、汽车市场定位

市场定位又称产品定位，主要是指明确企业的产品在目标市场中所处的位置，即从各方面为企业和产品创造一定的特色，塑造并树立一定的市场形象，以求在目标客户心目中形成一种特殊的偏好。

1. 汽车市场定位的依据

对于多数企业而言，产品市场定位是在寻求产品的差异化，突出产品对特定人群、特定消费需求的适用性。汽车营销可以从产品、服务、人员、渠道和形象方面进行差异化设计。

2. 汽车市场定位的策略

（1）比附定位策略：比附定位策略就是攀附名牌，比照名牌来给自己的产品定位，借名牌之光使自己的品牌生辉，如沈阳金杯客车制造公司"金杯海狮，丰田品质"的定位就属此类。

（2）属性定位策略：属性定位策略是指根据特定的产品属性来定位的策略，如本田在广告中宣传它的低价，宝马在促销中宣传它良好的驾驶性能等。

（3）利益定位策略：利益定位策略是指根据产品所能满足的需求或所提供的利益、解决问题的程度来定位的策略，如"解放卡车，挣钱机器"即属此定位。

（4）针对竞争对手竞争策略：针对竞争对手竞争策略是指对某些知名而又属司空见惯类型的产品作出明显的区分、给自己的产品定一个相反的位置。

（5）市场空当定位策略：市场空当定位策略是指企业寻找市场尚无人重视或未被竞争对手控制的位置，使自己推出的产品能适应这一潜在目标市场需要的定位策略。

（6）性价比定位策略：性价比定位策略是指结合对照质量和价格来定位的策略，如物有所值、高质高价或物美价廉等定位。

知识点二　汽车竞争对手分析

汽车竞争对手是指那些生产经营与本企业提供的产品相似或可以互相替代的产品，以同一类客户为目标市场的其他汽车企业，即产品功能相似、目标市场相同的企业。

一、汽车竞争对手类型

从所处竞争地位的角度看，竞争者可分为引领者（Leader）、挑战者（Challenger）、追随者（Follower）和补缺者（Nichers）四类。

二、汽车竞争对手分析方法

对竞争对手进行分析，可以利用一些竞争研究工具。

1. 4P 分析工具

4P 分析就是基于产品、价格、促销、渠道四个维度的对比分析研究。

在产品研究中，重要的是找到竞品的产品研发、产品组合、产品迭代的内在逻辑，产品卖点的优势、劣势，产品组合的竞争空白点和竞争弱点。

在价格研究中，要找到竞品价格组合的逻辑，在不同渠道的价格组合模式。综合所有直接竞品的价格区间规划，找到行业的价格核心区、价格空白点。

在促销研究中，要研究竞品采取的促销组合策略、核心促销策略，具有杀伤力的促销动作，分析阶段性促销演进的规律，从而发现竞品促销策略的优势、劣势。

在渠道研究中，要研究竞争对手的渠道结构规划、核心渠道策略、渠道管理模式、消费者在渠道的消费动线等。

2. 迈克尔·波特"五力分析模型"

迈克尔·波特把各种不同的因素汇集在一个简单的模型当中，来分析、对比企业自身的竞争态势。五种力量即供应商和购买者的讨价还价能力、潜在进入者的威胁、替代品的威胁及来自在同一行业的公司之间的竞争（图 2-3）。

图 2-3　五力分析模型

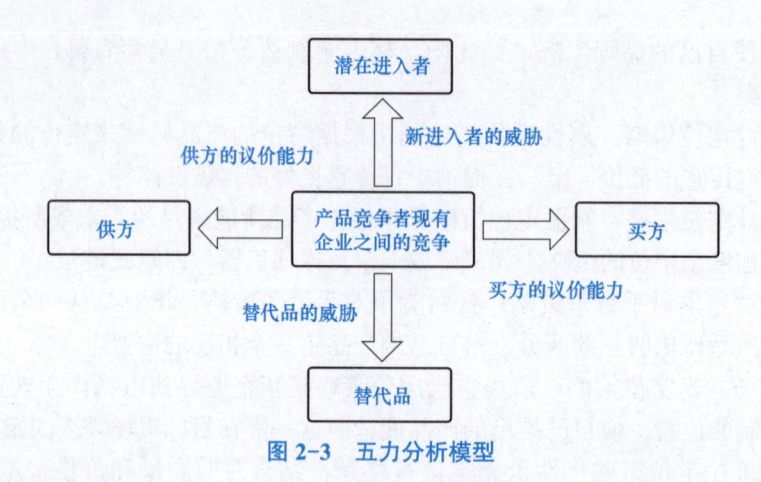

3. 竞争态势矩阵

竞争态势矩阵（Competitive Profile Matrix，CPM）主要用于确认企业的主要竞争对手相对于本企业的战略地位，以及主要竞争对手的特定优势与弱点。

（1）确定行业的关键成功因素。管理者首先要对所在行业有深入了解，然后由内部高层管理者和专家组通过讨论来确定关键成功因素。然后，从中选出 5～10 项最重要的关键成功因素，以供分析之用。

（2）给出各关键成功因素的权数。对于所选定的每项关键成功因素，都赋予一个权数，以表示该因素在该行业中获得成功的相对重要性。权数的大小分布为 1～10，其中"1"代表极不重要，"10"代表极重要。

（3）评估竞争者与企业在各关键成功因素上的表现。针对每一关键成功因素，管理者需要通过给分的方式来评估企业与主要竞争者的表现。类似上述赋权的方法，在 1（代表极弱）到 10（代表极强）中选取一个数字，用以代表竞争者在关键成功因素上的强弱表现。

（4）计算每一关键成功因素的加权分数。针对每一关键成功因素，将竞争者的强弱评分乘以其权数，即得出竞争者的加权分数。

（5）计算加权后总分。将竞争者在各关键成功因素的加权分数加总后，则可得到竞争者的加权后总分。总分反映出企业与其他竞争者之间的整体相对强弱表现。

任务实施

实施步骤：学生每 2～3 人为一组，每组选出一名组长，负责协调组内成员的工作。每组需完成以下任务。

（1）认真研读教师提供的材料。
（2）要求依据市场细分对汽车竞争对手进行对比分析整理。
（3）研讨问题。
（4）小组内派代表汇报。
（5）填写任务工单（表 2-4），总结实训经验和收获。

表 2-4　任务工单

任务：汽车目标市场分析				实训时长：40 min	
组名		班级		学号	
实训日期		教师		评分	
实训内容　对某一汽车目标市场的汽车竞品进行分析					

（1）从汽车目标市场角度出发，选择一组汽车竞品进行全方位对比，做成PPT汇报。
（2）可以对比工艺（案例、数据、图片），对比性能（安全性、舒适性、操控性），对比用途、款型、外形、级别、价值等

讨论内容：
1. 这组竞品汽车的目标市场是什么？

2. 对比工艺（案例、数据、图片）资料。

3. 对比性能（安全性、舒适性、操控性）资料。

4. 对比用途、款型、外形、级别、价值等资料。

总结实训经验和收获：

任务考核/评价

评价表见表2-5。

表2-5 评价表

评分项	评分子项目	评分细则	自我评价	小组评价	教师评价
纪律 （5分）	1. 不迟到； 2. 不早退； 3. 学习用品准备齐全； 4. 积极参与课程问题思考和回答； 5. 积极参与教学活动	未完成1项扣1分，扣分不得超过5分			
职业素养 （15分）	1. 积极与他人合作； 2. 积极帮助他人； 3. 遵守礼仪礼节； 4. 做事态度严谨认真； 5. 具备劳动精神，能主动做到场地的6S管理	未完成1项扣5分，扣分不得超过15分			
专业技能 （40分）	1. 熟悉汽车市场细分的标准； 2. 掌握汽车市场细分的方法； 3. 会对汽车市场进行细分； 4. 了解目标市场评估； 5. 掌握目标市场模式； 6. 掌握汽车市场定位策略； 7. 了解汽车竞争对手类型； 8. 熟悉分析汽车竞争对手的方法	未完成1项扣5分，扣分不得超过40			
工具及设备的使用 （20分）	1. 能正确使用平板电脑、手机上的一些调查工具软件； 2. 能初步使用一些分析软件和工具	未完成1项扣10分，扣分不得超过20分			
任务工单填写 （20分）	1. 字迹清晰； 2. 语句通顺； 3. 无错别字； 4. 无涂改； 5. 无抄袭； 6. 内容完整； 7. 回答准确； 8. 有独到的见解	未完成1项扣5分，扣分不得超过20分			

模块三
汽车客户分析

模块介绍

汽车企业在对汽车市场进行深入了解的情况下，还需对客户的种类和购车影响等因素进行分析。只有充分了解客户的需求，企业才能制订相应的营销策略，提高转化率并做到让客户满意。分析现有客户不仅可以挖掘更多潜在的销售机会，而且可以改善服务方法，针对不同类型的客户进行新客户的开发准备并为客户维护工作打下良好的基础。

任务一
个人客户购车分析

任务描述

通过购车行为模式的分析可以对不同的个人客户进行分类，了解汽车个人客户的购车特点、影响购车行为的主要因素，以及决定购车行为的相应决策机制，为后续客户画像和需求分析打下基础。

任务目标

1. 了解汽车客户的分类。
2. 熟悉个人客户的购车影响因素。
3. 能够分析个人客户的购车动机。

4. 以客户为中心，强调企业要为客户负责，汽车营销人员要对不同的客户做到有针对性的服务，强化责任意识。

任务分析

要完成本学习任务，可以按照以下流程进行。

1. 从文化因素、社会因素、产品因素、个人因素和心理因素等方面分析影响汽车个人客户购买行为的因素。
2. 通过举例进一步分析个人客户的购车动机。
3. 通过个人客户购车决策过程，对个人客户购车行为模式进行分析。

完成本学习任务需要准备的工作场景和设备如下。

1. 汽车个人客户资料卡。
2. 其他需要用到的工具。

完成本任务所需的知识详见后续相关知识中的各知识点。

相关知识

知识点一　个人客户购车动机分析

汽车市场由消费者市场和组织市场两部分组成。消费者市场主要针对个人消费者，是个人客户；而组织市场是针对企业、机构或组织，他们购买汽车用于生产或经营，通常都是大客户。

个人客户购车分析

一、个人客户购车的影响因素

影响汽车个人客户购买行为的因素主要包括文化因素、社会因素、产品因素、个人因素和心理因素等。

1. 文化因素

文化一般由全体社会成员共同的基本核心文化和具有不同价值观、生活方式及风俗习惯的亚文化两部分组成。

2. 社会因素

个人消费者购车行为也经常受到一系列社会因素的影响，它包括消费者的家庭、参考群体和社会阶层等。

3. 产品因素

汽车消费者购买行为还受产品特点、价格、品牌形象和广告宣传等因素的影响。

4. 个人因素

消费者的购买行为还会受到个人因素的影响，如年龄与生命周期阶段、职业与生活方式、经济收入、个性与自我观念等。

5. 心理因素

心理因素包括需求、感觉、学习、信念和态度等几个心理过程。美国心理学家马斯洛的需要层次理论可以帮助营销人员理解其潜在消费者的生活和目标，使营销人员更好地识别出消费者的需要，并及时予以满足（图3-1）。

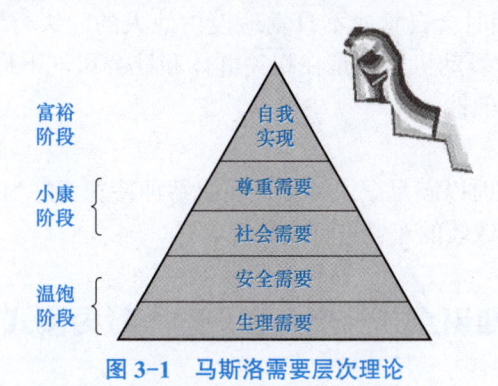

```
富裕阶段    自我实现
小康阶段  { 尊重需要
           社会需要
温饱阶段  { 安全需要
           生理需要
```

图 3-1　马斯洛需要层次理论

二、个人客户购车动机分析

消费者购车动机是促进购车行为发生并为购车行为提供目的和方向的动力。通俗地说，就是消费者决定想买一辆什么样的车。

1. 安全

在购买车辆时，把车辆的安全性能和能否有益于身心健康作为购买与否的重要标准。

2. 求实

在购买车辆时，以追求车型的实用性为主要目的的消费者，其核心是"实用"，特别注重车辆的质量、功能与实用价值，要求车辆的功能操作方便、经久耐用，不会过于强调所选取车型的外观、造型及华而不实的豪华装置。

3. 求廉

选购时会对汽车的价格进行仔细比较，在不同品牌或外观质量相似的同类产品中选择价格较低的品种。

4. 求新

在选择购买车辆时，特别重视产品的款式是否新颖独特、是否时尚，造型是否奇特，对不为大众熟悉的新产品情有独钟，而不太注重产品是否实用和价格高低。

5. 求美

在选择购买车辆时，对汽车的造型、色彩、款式、艺术欣赏价值格外重视。很多女性消费者在购车时，首要考虑的就是车型外观是否时尚，内饰做工是否精致等。

6. 求便

消费者在购买车辆时会为了方便购买、节约购买时间，会选择在就近的4S专卖店购买，或选择购买较为信任的亲朋好友推荐给自己的汽车。

7. 求名

消费者在购买车辆时因仰慕品牌或企业名望而购买,同时也为提升自己的社会地位,有时也为满足个人的虚荣心。

8. 从众

消费者在购买车辆时会自觉或不自觉地模仿他人的购买行为而形成的购买动机,也称模仿购买动机。这类动机通常是在相关群体和社会风气下形成的,有些甚至还具有一定的盲目性和不成熟性。

9. 嗜好

消费者在购买车辆时以满足个人特殊兴趣或某种特殊嗜好为主导倾向的购买动机,如爱好皮卡或购买适合改装的车辆进行改装等。

知识点二 个人客户购车行为模式

按照心理学理论,人们行为的动机是一种内在的心理活动过程,像一只看不见、摸不着的"黑箱",客观的刺激经过"黑箱"产生反应,引起行为,只有对行为进行过研究,才能了解心理活动过程。

一、个人客户购车决策过程

一个典型的购买决策过程包括确认需要、收集信息、选择判断、购买决策和购后感受五个阶段。

1. 确认需要

汽车消费者的需要一般源于两个方面的原因:一是内部刺激,如上下班不方便,需要汽车作为代步工具,或是出于想要从事汽车营运的需要;二是外部刺激,如电视广告等消费者自身以外的环境因素,或是看到周围与其条件相仿的人大多有车,于是就产生了购车的欲望。

2. 收集信息

在大多数情况下,消费者在产生需要后并不马上作出购买决策,而是首先寻找有关产品的多方面信息。

3. 选择判断

消费者在收集到所需的信息后,就会对这些信息进行分析比较和综合判断,以作出最终选择。

4. 购买决策

购买决策是购买过程的关键阶段,这是因为消费者只有作出购买决策后,才会产生实际的购买行为。

5. 购后感受

消费者在购买汽车产品后,往往会通过自己的使用与他人的评价,对其购买选择进行检验,对自己的体验与购买前的期望进行比较,进而产生一定的购后感受,如满意、一般或不满意等(图3-2)。

市场营销的刺激	其他方面的刺激
产品 价格 渠道 促销	经济 技术 政治 文化

⇒

购买者特征	购买者决策过程
文化特征 社会特征 个人特征 心理特征	确认需要 收集信息 选择判断 购买决策 购后感受

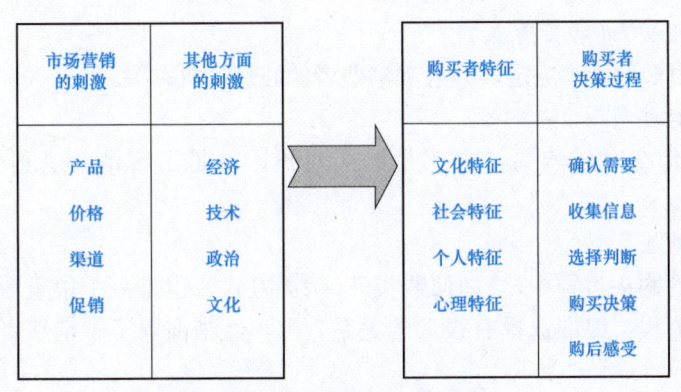

图 3-2 个人客户购车行为模式

二、汽车个人客户购买决策的内容

购买决策是消费者购买活动中的核心环节，起支配和决定其他要素的关键作用。汽车个人客户购买决策的内容如下。

1. "谁买"

"谁买"一般要从以下五种角色进行分析。

（1）发起者：首先提议或想到购买特定产品的人。

（2）影响者：看法或建议对最后购买决策具有某种影响力的人。

（3）决策者：对购买全部或部分地具有最后决定权的人。

（4）购买者：实际从事购买行为的人。

（5）使用者：实际使用的人。

> **小贴士**
>
> **小王买车**
>
> 小王由于结婚需要购买一辆新车。小王父母想购买质量好的车，听说一汽大众的质量好，所以他们想在一汽大众的产品中选择一款车；小王自己喜欢视野开阔、空间大、有驾驶感觉的车，所以想购买 CR-V 这款城市越野车；小王的未婚妻喜欢小巧外观的车，所以想购买 MINI。
>
> 一个家庭想要购买一辆汽车，不同的家庭成员会有不同的选择，这不由得让我们一探究竟，他们是如何作出这样迥异的选择的？

2. "为什么买"

从营销的角度来看，"为什么买"被称为购买动机。研究购买决策时需要了解消费者所追求的产品利益点究竟是什么？

3. "买什么"

"买什么"指的是要了解消费者想买什么，即购买对象。这是消费决策的核心和首要问题，如消费者想买什么样的汽车？汽车的品牌、厂家、款式、价格分别是什么？

4. "在哪里买"（购买地点）

购买地点由多种因素决定，并且和消费者的心理动机有关。

5. "什么时候买"

消费者在什么时候购买，也就是购买时机，也是了解消费者行为的一个重要方向。

6. "如何购买"

在消费者的购买过程中，"如何购买"（购买方式）也是一个很重要的环节，与销售渠道、配送流程、终端选择有很大的关系。汽车经销商要了解消费者购买行为的类型、付款方式等。

7. 购买的频率如何

了解了购买时机之后，还必须清楚消费者多久才购买一次（购买频率）。

任务实施

实施步骤：学生每2～3人为一组，每组选出一名组长，负责协调组内成员的工作。每组需完成以下任务。

（1）认真研读教师提供的材料。
（2）以"我的第一辆车"为题目进行演讲。
（3）研讨问题。
（4）小组内派代表汇报。
（5）填写任务工单（表3-1），总结实训经验和收获。

表3-1 任务工单

任务：个人客户购车行为分析			实训时长：40 min	
组名		班级	学号	
实训日期		教师	评分	
实训内容　以"我的第一辆车"为题目进行演讲					

从5W2H的角度思考"我的第一辆车"，为个人客户购车行为分析打下基础，要求：
（1）围绕为什么买、买什么、何时买、在哪买、买车频率怎么样等消费者购车决策内容来展开。
（2）小组成员共同探讨，派代表上台演讲，时间不少于3 min

讨论内容：
1. 为什么买？

续表

2. 买什么？

3. 何时买？

4. 在哪买？

5. 买车频率怎么样？

总结实训经验和收获：

任务考核/评价

评价表见表 3-2。

表 3-2 评价表

评分项	评分子项目	评分细则	自我评价	小组评价	教师评价
纪律 （5分）	1. 不迟到； 2. 不早退； 3. 学习用品准备齐全； 4. 积极参与课程问题思考和回答； 5. 积极参与教学活动	未完成 1 项扣 1 分，扣分不得超过 5 分			

续表

评分项	评分子项目	评分细则	自我评价	小组评价	教师评价
职业素养 （15分）	1. 积极与他人合作； 2. 积极帮助他人； 3. 遵守礼仪礼节； 4. 做事态度严谨认真； 5. 具备劳动精神，能主动做到场地的6S管理	未完成1项扣5分，扣分不得超过15分			
专业技能 （40分）	1. 分析个人客户购车影响因素； 2. 分析个人客户购车动机； 3. 判断个人客户购车的角色分配； 4. 掌握个人客户购车决策过程； 5. 掌握个人客户购车决策的内容； 6. 掌握5W2H分析方法； 7. 能对消费者购车进行调查； 8. 能区分客户类型	未完成1项扣5分，扣分不得超过40分			
工具及设备的使用 （20分）	1. 能正确使用网络调查工具； 2. 能对个人客户合理使用调查设备	未完成1项扣10分，扣分不得超过20分			
任务工单填写 （20分）	1. 字迹清晰； 2. 语句通顺； 3. 无错别字； 4. 无涂改； 5. 无抄袭； 6. 内容完整； 7. 回答准确； 8. 有独到的见解	未完成1项扣5分，扣分不得超过20分			

任务二

大客户购车分析

任务描述

对大客户购车行为模式的分析，需要了解大客户购车的特点、影响大客户购车的主要因素，以及决定大客户购车行为的相应决策机制，为汽车招标投标规则的使用打下基础。

任务目标

1. 熟悉大客户购车行为模式。
2. 具备汽车大客户招标投标的开展能力。
3. 按市场经济规律开展汽车营销活动的意识，为建设中国特色社会主义市场经济贡献自己的力量。

任务分析

要完成本学习任务，可以按照以下流程进行。
1. 了解汽车客户类型，进一步分析大客户购车的特殊性。
2. 能熟练使用收集大客户信息的方式与方法。
3. 对大客户购车行为模式进行分析，区别不同类型政府采购方式的异同。

完成本学习任务需要准备的工作场景和设备如下。
1. 汽车大客户资料库。
2. 其他需要用到的工具。

完成本任务所需的知识详见后续相关知识中的各知识点。

相关知识

知识点一　大客户购车行为分析

汽车消费市场除个人和以家庭为单位的个人客户外，集团、组织也是汽车企业的重要客户，各种各样的集团或组织构成了汽车的大客户市场。

一、汽车大客户的类型

大客户是由各种组织机构形成的对企业产品和劳务需求的总和。它可分为产业市场、经销商市场和政府市场三种类型。

产业市场主要是指购买和使用汽车产品为企业生产和社会服务的各种社会经济组织，如汽车改装厂、汽车运输公司、旅游公司、公交公司、建筑公司、个体运输户等。

经销商市场是包括以进一步转卖为目的的各种汽车中间商。

政府市场主要是指政府机关和大型企事业单位，它们通常购买公务用车。

二、汽车大客户的购车过程

大客户购买汽车产品，是为了维持其生产经营活动的正常进行，其购买过程一般可分为以下五个阶段。

1. 产生需求

大客户购车需求的产生是用户为解决某一个问题而提出的新的采购需求。这可能是用户自身的需要，也可能是因为技术的进步和新产品的出现而引发的新的需求。

2. 确定需求对象的特点和数量

产生需求后，采购者就要拟出一份需求说明书，说明所需汽车的特点，并根据生产经营规模的需要，决定需求数量。

3. 寻求并选择供应商

在寻求供应商时，采购者往往通过查询汽车产品目录，进行互联网搜索或打电话给其他公司以获取汽车产品的信息。因此，供应商的任务就是要在重要的工商企业名录或互联网、汽车产品目录中占有一席之地，并在市场上塑造一个良好的商业信誉。

4. 签订供应合同

大客户在确定了供应商之后，通常情况下，都要与之签订供应合同。

5. 检查、评估履约情况

大客户在购买汽车产品后，通常会及时向使用者了解其对产品的评价，考察供应商的履约情况，对产品及供应商的服务水平进行评价，并根据了解和考察的结果，决定今后是否继续采购该供应商的产品。

三、影响大客户购车行为的因素

同个人消费者购买行为一样，大客户的购买行为也同样会受到各种因素的影响。

1. 环境因素

影响大客户购车行为的环境因素主要是社会政治经济环境，如经济发展速度、国家的产业政策等。

2. 组织因素

每个大客户的采购部门都会有自己的目标、政策、工作程序和组织结构，市场营销人员应了解并分析采购部门在该单位里处于什么地位，从而决定采用相应的营销策略。

3. 人际因素

对于营销人员而言，应当充分了解客户组织的人际关系状况，确定每个人在购买决策中扮演的角色及其影响力的大小，进而了解用户购买决策的主要人员、他们的决策方式和评价标准、决策中心成员之间相互影响的程度等，以便采取有效的营销措施，并利用这些因素促成交易。

4. 个人因素

大客户市场的购买行为属于理性活动，但参加采购决策的仍然是一个个具体的人，这些个人由于年龄、个性、受教育程度、收入、购买经验，以及对风险的态度等方面的不同，表现出不同的购买特点。

四、大客户市场购车行为的类型

大客户购车行为模式不同于个人购买行为模式，其复杂程度要高很多，其类型大体可分为直接重购、修正重购和新购三种。

1. 直接重购

所谓直接重购，是指采购部门根据过去的一贯性需要，按原有订货目录和供应关系所进行的重复购买。

2. 修正重购

修正重购是用户为取得更好的采购效果而进行修正采购方案、改变产品规格、型号、价格等条件（包括增加或调控决策人数，或改变新的供应商）的情形。

3. 新购

新购是购买者对其所需的产品和服务进行的第一次购买行为。这是所有购买情形中最为复杂的一种，因为它通常要涉及多方面的采购决策。

知识点二 汽车政府采购

大客户中有一种类型是政府市场，由各种为执行政府的主要职能而采购商品的国家及地方的政府单位组成。对于一些有实力的汽车企业来说，政府市场也是一个购买力很强且相当重要的潜在市场。

一、政府市场购买的特点

政府采购与私人采购的最大区别在于：它的目的不是谋取商业利润，而是实现政府职能和公共利益。

1. 受到公众监督

由于政府采购决策要受到公众的评论监督，所以政府组织要做大量的文书工作，在批量采购之前，必须填写并签署一些内容详尽的表格，因此它们经常要求供应商提供大量的书面材料，供应商必须根据政府采购人员提出的要求（或清单），提供尽可能详尽的书面材料。

2. 采用竞价投标方式

政府采购的另一个特点是经常要求供应商竞价投标。多数情况下它们选择报价最低者，有时也选择那些能提供优质产品或具有履约信誉的供应商。

3. 关注国家利益

政府采购的第三个特点是，它们往往倾向于照顾本国的公司。

4. 营销活动的方式受到限制

政府部门在采购政策中已强调了价格标准，并会引导供应商在降低成本方面作出努力。

二、政府采购的购买方式

根据《中华人民共和国政府采购法》等法律、法规的规定，政府采购采用公开招标、邀请招标、竞争性谈判、单一来源采购、询价、竞争性磋商六种方式。

1. 公开招标

公开招标即采购人依法以招标公告的方式邀请非特定的供应商参加投标的采购方式。

公开招标是政府采购的主要采购方式，公开招标与其他采购方式不是并行的关系。采购人不得将应当以公开招标方式采购的货物或者服务化整为零或者以其他任何方式规避公开招标采购。招标单位在规定的日期开标，选择报价较低和其他方面合乎要求的供应商作为中标单位。

2. 邀请招标

邀请招标也称选择性招标，由采购人根据供应商或承包商的资信和业绩，选择一定数目的法人或其他组织（不能少于三家），向其发出招标邀请书，邀请他们参加投标竞争，从中选定中标的供应商。

3. 竞争性谈判

竞争性谈判是指采购人或代理机构通过与多家供应商（不少于三家）进行谈判，最后从中确定中标供应商。

4. 单一来源采购

单一来源采购也称直接采购，是指达到了限额标准和公开招标数额标准，但所购商品的来源渠道单一，或属专利、首次制造、合同追加、原有采购项目的后续扩充和发生了不可预见紧急情况不能从其他供应商处采购等情况。该采购方式的主要特点是没有竞争性。

5. 询价

询价是指采购人向有关供应商发出询价单让其报价，在报价基础上进行比较并确定最优供应商的一种采购方式。采用询价方式的条件：当采购的货物规格、标准统一，现货货源充足且价格变化幅度小的政府采购项目。

6. 竞争性磋商

竞争性磋商即政府采购组织的采购部门同时和若干供应商就某一采购项目的价格和有关交易条件展开谈判，最后与符合要求的供应商签订合同，达成交易。汽车产品的大宗订单、特殊需求订单一般均采取此种购买方式。

不同采购方式比较见表3-3。

表 3-3　不同采购方式比较

比较因素 \ 采购方式	公开招标	邀请招标	竞争性谈判	询价	竞争性磋商	单一来源采购
适用范围	主要的采购方式	①具有特殊性，只能从有限范围的供应商采购的；②采用公开招标方式的费用占采购项目总价值的比例过大的	①招标后没有供应商投标或没有合格标的或重新招标未能成立的；②技术复杂或性质特殊，不能确定详细规格或具体要求的；③采用招标所需时间不能满足用户紧急需要的；④不能事先计算出价格总额的	采购的货物规格、标准统一、现货货源充足且价格变化幅度小的政府采购项目	①政府购买服务项目；②技术复杂或性质特殊，不能确定详细规格或具体要求的；③因艺术品采购、专利、专有技术或服务的时间、数量事先不能确定等原因不能事先计算出价格总额的；④市场竞争不充分的科研项目，以及需要扶持的科技成果转化项目；⑤按照招标投标法及其实施条例必须进行招标的工程建设项目以外的工程建设项目	①只能从唯一供应商处采购的；②发生了不可预见的紧急情况，不能从其他供应商处采购的；③必须保证原有采购项目一致性或者服务配套的要求，需要继续从原供应商处添购，且添购资金总额不超过原合同采购金额的10%
是否需要取得政府采购管理部门批准	默认的采购方式，不需批准	需经政府采购管理部门批准	需经政府采购管理部门批准	需经政府采购管理部门批准	需经政府采购管理部门批准	需经政府采购管理部门批准
邀请供应商的方式	以招标公告的方式邀请不特定的供应商	以投标邀请函的方式邀请特定的供应商	采购人、采购代理机构应当通过发布公告、从省级以上财政部门建立的供应商库中随机抽取或采购人和评审专家分别书面推荐的方式邀请不少于三家符合相应资格条件的供应商参与竞争性谈判、询价、竞争性磋商采购活动			特定供应商

任务实施

实施步骤：学生每 2～3 人为一组，每组选出一名组长，负责协调组内成员的工作。每组需完成以下任务。

（1）认真研读教师提供的材料。
（2）设计大客户购车方案。
（3）研讨问题。
（4）小组内派代表汇报。
（5）填写任务工单（表3-4），总结实训经验和收获。

表 3-4 任务工单

任务：大客户购车行为分析		实训时长：40 min	
组名	班级	学号	
实训日期	教师	评分	
实训内容　大客户购车方案设计			
大客户通常是指企业或机构，他们需要购买多辆汽车用于公司业务、团队出行或其他目的。与个人客户相比，大客户的购买过程更为复杂，更加注重实用性、质量、售后服务和价格优惠。因此，为大客户制订有针对性的销售方案可以满足他们的需求，提高客户满意度和品牌忠诚度。请为此设计一份专属VIP大客户的购车方案			
讨论内容： 1. 方案的目标是什么？ 2. 方案的细节是什么？ 3. 方案的优势是什么？			
总结实训经验和收获：			

任务考核/评价

评价表见表3-5。

表3-5 评价表

评分项	评分子项目	评分细则	自我评价	小组评价	教师评价
纪律 （5分）	1. 不迟到； 2. 不早退； 3. 学习用品准备齐全； 4. 积极参与课程问题思考和回答； 5. 积极参与教学活动	未完成1项扣1分，扣分不得超过5分			
职业素养 （15分）	1. 积极与他人合作； 2. 积极帮助他人； 3. 遵守礼仪礼节； 4. 做事态度严谨认真； 5. 具备劳动精神，能主动做到场地的6S管理	未完成1项扣5分，扣分不得超过15分			
专业技能 （40分）	1. 分析大客户类型； 2. 分析大客户购车影响因素； 3. 分析大客户购车过程； 4. 分析大客户购车模式； 5. 分析政府购车特点； 6. 掌握政府购车； 7. 掌握招标投标采购； 8. 掌握其他政府采购形式	未完成1项扣5分，扣分不得超过40分			
工具及设备的使用 （20分）	1. 能正确使用网络调查工具； 2. 能对政府购车合理使用相关工具	未完成1项扣10分，扣分不得超过20分			
任务工单填写 （20分）	1. 字迹清晰； 2. 语句通顺； 3. 无错别字； 4. 无涂改； 5. 无抄袭； 6. 内容完整； 7. 回答准确； 8. 有独到的见解	未完成1项扣5分，扣分不得超过20分			

模块四

汽车顾问式营销

模块介绍

随着汽车行业的不断发展，竞争更加激烈，4S 专卖店的服务也不能再像以前一样单一，而应变得更加多元化，以服务取胜，让客户满意，从而获得更多利润。这就要求汽车销售顾问要强化自身的职业形象、接待规范及应具备的职业综合素质，以赢得更多的客户。

任务一

汽车销售顾问培养

任务描述

汽车销售顾问需要注意在仪容、仪表、仪态方面的要求，所以学生应对平时学习和生活中的礼仪形象予以关注，为后续的汽车营销活动打下基础。在接待客户的方式、方法方面，能熟练运用专业的礼仪规范，不仅能够展现销售顾问的专业素养，还能极大地提升客户的满意度和信任感。

任务目标

1. 熟悉汽车销售顾问的基本礼仪和形象要求。
2. 能熟练运用汽车销售礼仪。
3. 通过规范礼仪，养成知行合一、细心耐心的品格。

任务分析

要完成本学习任务，可以按照以下流程进行。
1. 进行自身礼仪形象塑造。
2. 对不同场景下的汽车接待礼仪进行分析与演练。
3. 对有声语言和无声语言的沟通技巧与能力开展有针对性的练习。

完成本学习任务需要准备的工作场景和设备如下。
1. 汽车销售工作包，内含汽车客户资料卡、名片、笔、便笺纸等。
2. 展车和产品宣传资料。
3. 其他需要用到的工具。

完成本任务所需的知识详见后续相关知识中的各知识点。

相关知识

知识点一　汽车销售顾问形象塑造

良好的外在形象是尊重他人的表现，是专业性、权威性的外在表现，不仅能够体现自身良好的修养和独到的品位，还能够更好地展示汽车品牌形象，有助于商务活动的成功。

汽车营销顾问培养

一、着装的基本要求

一般来说，汽车销售顾问都以西装作为职业装，这样既显得成熟、稳重，又可以给客户一种规范、值得依赖的感觉。男士穿西装西裤，女士下身既可以搭配西裤，也可搭配裙子。男士可以搭配领带，女士可以搭配丝巾（图 4-1）。

二、仪态的基本要求

1. 微笑
微笑应是发自内心的笑，要真诚、适度、适宜，符合礼仪规范。

2. 眼神
听人讲话时，眼睛要看着对方，一方面表示礼貌，另一方面也容易理解对方话语的意思；自己讲话时，则要常常用眼光与听话人交流。

3. 站姿
优美的站姿能显示个人的自信，并给他人留下美好而隽永的印象。常言说："站如松"，就是说，站立的姿态应像松树那样端正挺拔。男女站姿如图 4-2 所示。

图中标注（男性）：
- 头发梳理整齐，没头皮屑
- 发角侧部盖耳，后不盖领
- 牙齿清洁，口腔清新
- 衣领干净
- 铭牌位置整齐划一
- 制服清洁、整齐、光鲜
- 纽扣齐全
- 指甲修剪及清洁
- 西裤长度适中
- 穿黑色袜子
- 穿指定工鞋

图中标注（女性）：
- 头发梳理整齐，没头皮屑
- 不可佩戴夸张耳环、项链
- 化妆清淡
- 牙齿清洁，口腔清新
- 衣领干净
- 铭牌位置整齐划一
- 制服清洁、整齐、光鲜
- 纽扣齐全
- 指甲不可过长
- 穿肉色丝袜
- 穿指定工鞋

图 4-1 着装

男性
· 抬头挺胸，肩平收腹，
· 两脚分开比肩略窄，身体重心放在两脚中间

女性
· 双脚并拢，脚尖呈V字形或丁字形
· 双手合起放在腹前

图 4-2 标准站姿

4. 坐姿

坐是一种静态造型，是非常重要的仪态。日常工作和生活，离不开这种举止。坐姿通常有正襟危坐式、垂腿开膝式、前伸后曲式、双脚内收式、双腿叠放式、双腿斜放式和双脚交叉式（图4-3）。

| 标准式 | 侧腿式 | 重叠式 | 前交叉式 |

图 4-3　规范坐姿

5. 走姿

正确的走姿是轻而稳，胸要挺，头要抬，肩放松，两眼平视，面带微笑，自然摆臂。行走时双眼平视前方，收腹挺胸，两臂自然摆动，摆动幅度为 30°左右，双脚在一条直线上行走，步态轻稳，弹足有力。两人同行擦肩而过时应保持至少 10 cm 的距离，防止相互碰撞，失礼失态（图 4-4）。

6. 蹲姿

作为汽车销售顾问，经常会在客户进入车内体验时给客户做介绍，这时，就需要销售顾问采用蹲姿。左脚在前，右脚在后向下蹲，左小腿垂直于地面，全脚掌着地，大腿靠紧，右脚跟提起，前脚掌着地，左膝高于右膝，臀部向下，上身稍向前倾，以左脚为支撑身体的主要支点（图 4-5）。

图 4-4　走姿 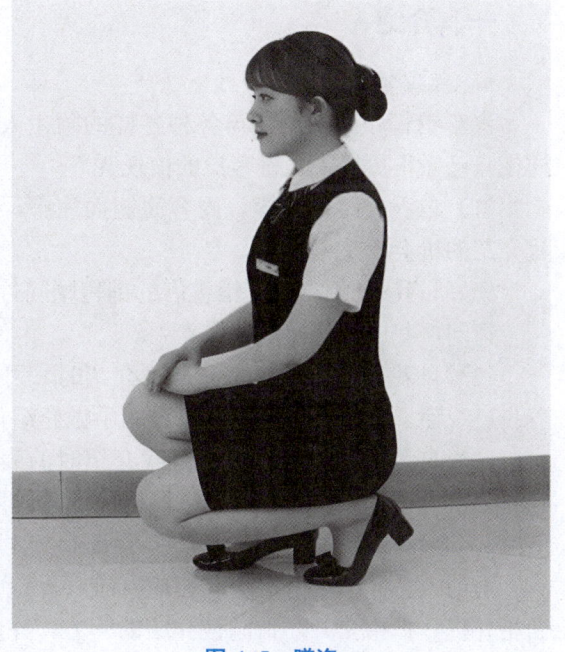　　　　　　　　　图 4-5　蹲姿

> **小贴士**
>
> 小张的问题
>
> 　　小张是一家汽车4S专卖店的销售顾问,口头表达能力不错,对公司的业务流程很熟悉,对公司的产品及服务的介绍也很得体,给人感觉朴实又勤快,在销售顾问中学历是最高的,可是他的业绩总是上不去。
>
> 　　小张自己非常着急,却不知道问题出在哪里。小张从小有着大大咧咧的性格,不爱修边幅,头发经常是乱蓬蓬的,双手指甲长长的也不修剪,身上的白衬衣常常皱巴巴的并且已经变色,他喜欢吃大饼卷大葱,吃完后却不知道去除异味。小张的大大咧咧能被生活中的朋友所包容,但在工作中常常过不了与客户接洽的第一关。
>
> 　　其实小张的这种形象在与客户接触的第一时间就已经给客户留下不好的印象,让客户觉得他是一个对工作不认真、没有责任感的人,通常很难有机会和客户做进一步的交往,更不用说成功地承接业务了。

知识点二　汽车商务礼仪规范

　　汽车商务礼仪主要表现为介绍、称呼问候、递送名片、握手、引导等礼仪。这是衡量汽车销售顾问基本素质的最重要指标。掌握正确的商务礼仪,能使汽车销售顾问展现自身的修养,增强沟通能力,从而能有效地推动销售。

一、介绍

1. 自我介绍

　　汽车销售顾问每天要与各种各样的陌生人打交道,要经常进行自我介绍,那么怎样使自己做得更好去赢得客户的信任呢?

　　(1)自我介绍的内容。内容简短而完整,说出单位、职务、姓名,给对方一个自我介绍的机会。

　　您好!我是××汽车销售店的销售顾问,我叫×××。

　　请问,我应该怎样称呼您?

　　(2)自我介绍时的仪态。自我介绍时,可将右手放在自己左胸上,不要用手指指着自己说话。如方便,可握住对方的手做介绍,有名片的,可在说出姓名后递上名片。

　　(3)自我介绍时的表情。自我介绍时的表情要坦然、亲切、大方,面带微笑,眼睛看着对方或是大家,不可不知所措或随随便便、满不在乎。

2. 介绍他人

　　为他人做介绍时,手势动作应文雅,无论介绍哪一方,都应手心朝上、手背朝下、四指并拢、拇指张开,指向被介绍的一方,并向另一方点头微笑,按顺序介绍。此时,介绍人和被介绍人都应起立,以示尊重和礼貌。

为他人做介绍时，必须遵守"尊者有优先知情权"的规则，即应把年轻者介绍给年长者，把职务低者介绍给职务高者，把男士介绍给女士，把家人介绍给同事、朋友，把未婚者介绍给已婚者，把后来者介绍给先到者。

二、交换名片

名片是重要的交际工具，它直接承载着个人信息，担负着保持联系的重任。要想使名片充分发挥作用，就必须掌握相关的礼仪规范。

1. 递送名片

（1）把握时机。只有在必要的时候递送名片，才会令名片发挥功效。递送名片一般应选择初识之际或分别之时，不宜过早或过迟。

（2）讲究顺序。先客后主，先低后高，即职务低者、身份低者、拜访者、辈分低者、年纪轻者、男性、未婚者，应先把自己的名片递给他人。若向多人递送名片，应依照职位高低的顺序，或是由近及远的顺序依次进行，切勿跳跃式地进行，以免对方有厚此薄彼之感。

（3）招呼在前。递上名片前，应先向接受名片者打个招呼，令对方有所准备。既可先做一下自我介绍，也可说声"对不起，请稍候，这是我的名片""这是我的名片，请笑纳""我的名片，请您收下"之类的提示语。

（4）表现谦恭。对于递送名片这一过程，应当表现得郑重其事。向对方递送名片时，要起身站立，主动走向对方，面含微笑，眼睛应注视对方，为了使对方便于阅读，将名片正面朝向对方。递送时，用双手的拇指和食指分别持握名片上端的两角，上体前倾15°左右，举至胸前递送给对方，大方地说"请多多关照""敬请指教""希望今后保持联络"等礼节性用语。

2. 接收名片

（1）接收他人名片时，不论有多忙，都要暂停手中一切事情，并起身站立相迎，面含微笑，双手接过名片。若是两人同时递接名片，应当右手递，左手接，接过名片后双手持握名片。

（2）接过名片后，先向对方致谢，然后将其从头至尾默读一遍，将对方姓名记在心中。遇有显示对方荣耀的职务、头衔时不妨轻声读出，以示尊重和敬佩。若对名片上的内容有所不明，可当场请教对方。

（3）精心存放他人名片，应将其谨慎地置于名片夹、公文包、办公桌或上衣口袋内，以示尊重和珍视，且他人名片应与本人名片区别放置。

（4）有来有往。接收他人名片后，一般应即刻回送给对方一张自己的名片。没有名片、名片用完或忘带名片时，应向对方作出合理的解释，并致以歉意，切莫毫无反应。

三、握手

1. 握手方式

在商务场合握手的标准方式是行礼时行至距握手对象约1 m处，双腿立正，上身略向前倾，伸出右手，四指并拢，拇指张开与对方相握，握手时用力适度，上下稍晃动3～4次，随即松开手，恢复原状。

2. 握手次序

在正式商务场合，握手时伸手的先后次序主要取决于职位和身份；在社交和休闲场合，则主要取决于年龄、性别、婚否。

（1）职位、身份高者与职位、身份低者握手，应由职位、身份高者先伸出手来。

（2）女士与男士握手，应由女士先伸出手来。

（3）已婚者与未婚者握手，应由已婚者先伸出手来。

（4）年长者与年幼者握手，应由年长者先伸出手来。

（5）长辈与晚辈握手，应由长辈先伸出手来。

（6）社交场合的先到者与后来者握手，应由先到者先伸出手来。

（7）主人应先伸出手来，与到访的客人握手。

（8）客人告辞时，客人应先伸出手来与主人握手。

（9）如果需要和多人握手，也要讲究先后次序，由尊而卑，多人同时握手时切忌交叉，要等别人握完后再伸手。

任务实施

实施步骤：学生每2～3人为一组，每组选出一名组长，负责协调组内成员的工作。每组需完成以下任务。

（1）认真研读教师提供的材料。

（2）练习和掌握各种站姿、坐姿、走姿、蹲姿和握手礼的要领。

（3）研讨问题。

（4）小组内派代表汇报。

（5）填写任务工单（表4-1），总结实训经验和收获。

表4-1 任务工单

任务：汽车商务礼仪规范				实训时长：40 min	
组名		班级		学号	
实训日期		教师		评分	
实训内容 对仪容、仪表、仪态等汽车商务礼仪进行训练					
采取统一练习、分组练习和个别练习的多种方法，并及时纠正或点评，也可采取同学之间互评的方式来改善和充实单调的练习。具体练习内容如下： （1）站姿训练： （2）坐姿训练： （3）走姿训练： （4）蹲姿训练： （5）握手礼训练：					

续表

讨论内容：
1. 站姿的基本要求要领有哪些？

2. 坐姿的基本要求要领有哪些？

3. 走姿的基本要求要领有哪些？

4. 蹲姿的基本要求要领有哪些？

5. 握手礼的基本要领有哪些？

总结实训经验和收获：

任务考核/评价

评价表见表4-2。

表4-2 评价表

评分项	评分子项目	评分细则	自我评价	小组评价	教师评价
纪律（5分）	1. 不迟到； 2. 不早退； 3. 学习用品准备齐全； 4. 积极参与课程问题思考和回答； 5. 积极参与教学活动	未完成1项扣1分，扣分不得超过5分			
职业素养（15分）	1. 积极与他人合作； 2. 积极帮助他人； 3. 遵守礼仪礼节； 4. 做事态度严谨认真； 5. 具备劳动精神，能主动做到场地的6S管理	未完成1项扣5分，扣分不得超过15分			
专业技能（40分）	1. 身体各部位的正确姿态； 2. 不同站姿的展示； 3. 坐姿基本动作要领的展示； 4. 脚的摆放方式（至少四种）； 5. 身体姿态； 6. 跨步的均匀度； 7. 几种不同蹲姿的展示； 8. 握手礼的展示	未完成1项扣5分，扣分不得超过40分			
工具及设备的使用（20分）	1. 能正确使用平板电脑、手机上的一些图片处理和视频拍摄软件； 2. 能正确使用领带、丝巾等场地工具	未完成1项扣10分，扣分不得超过20分			
任务工单填写（20分）	1. 字迹清晰； 2. 语句通顺； 3. 无错别字； 4. 无涂改； 5. 无抄袭； 6. 内容完整； 7. 回答准确； 8. 有独到的见解	未完成1项扣5分，扣分不得超过20分			

任务二
客户招集

任务描述

作为专业的汽车销售顾问,在客户开发上要有一定的方式方法,对汽车产品目标市场客户在用户画像的基础上,熟练开展客户邀约和拜访工作,为后续的汽车营销技术工作打下基础。

任务目标

1. 了解用户画像的含义。
2. 掌握客户邀约的途径与方法。
3. 具备有效的沟通技巧与能力。
4. 具有开发潜在客户的能力。
5. 做到以礼待客,树立重仁义、和为贵的商业价值观。

任务分析

要完成本学习任务,可以按照以下流程进行。
1. 通过了解用户画像的含义,对目标客户进行精准营销。
2. 全面完整分析客户开发的方式方法。
3. 对客户邀约和客户拜访进行练习。

完成本学习任务需要准备的工作场景和设备如下。
1. 汽车销售工作包,内含汽车客户资料卡、名片、笔、便笺纸等。
2. 通信工具。
3. 其他需要用到的工具。

完成本任务所需的知识详见后续相关知识中的各知识点。

相关知识

知识点一 汽车用户画像

如今是"用户为王"的汽车市场环境,怎样去了解年轻消费群体的需求及喜好,怎样去创新模式及精准营销，怎样去精细化管理运营及客户关系升级维护，这些都是汽车销售企业需要思考的重要课题。

一、用户画像的含义

用户画像（Persona）又称用户模型，由艾伦·库珀（Alan Cooper）首先提出，是指根据用户人口统计学信息、社交关系、偏好习惯和消费行为等信息而抽象出来的标签化画像。构建用户画像的核心工作即是给用户贴"标签"，这些标签集合就能抽象出一个用户的信息全貌，每个标签分别描述了该用户的一个维度，各个维度之间相互联系，共同构成对用户的整体描述。

二、汽车用户画像构建流程

构建汽车用户画像是指通过对汽车用户进行细致的调查和数据分析，以了解用户的需求、兴趣、行为等信息，从而形成用户的全面描述。下面将详细介绍构建用户画像的流程和方法。

1. 确定研究目标和范围

在构建用户画像之前，首先需要明确研究的目标和范围。例如，是要了解整个汽车市场的用户特征，还是要深入研究某一特定群体的用户画像。

2. 收集用户数据

收集用户数据是构建用户画像的重要步骤。可以通过问卷调查、用户访谈、数据分析等方式收集用户数据。

3. 数据清洗和整理

在收集到用户数据后，需要对数据进行清洗和整理。清洗数据可以去除异常值和重复值，确保数据的准确性和可靠性。整理数据可以对不同来源的数据进行整合，形成一个完整的用户数据集。

4. 数据分析和挖掘

通过对汽车用户数据进行分析和挖掘，可以揭示用户的行为模式、兴趣偏好等信息。常用的数据分析方法如下。

（1）群体分析：将用户划分为不同的群体，根据不同群体的特点进行分析，揭示不同群体的需求和行为规律。

（2）关联分析：通过挖掘用户购买行为中的关联规律，了解用户的购买习惯和偏好。

（3）预测分析：基于用户的历史行为数据，进行预测分析，预测用户的未来行为和需求。

5. 形成用户画像

在数据分析的基础上，可以形成用户画像。用户画像是对用户的全面描述，包括用户的基本信息、兴趣爱好、行为习惯等方面的特征。用户画像可以采用文字描述、图表展示等形式呈现，以便企业进行后续的产品设计和市场推广。

6. 定期更新和优化

用户画像不是一成不变的，随着时间的推移和用户需求的变化，用户画像也需要不断更新和优化。定期收集用户数据，进行新一轮的数据分析和挖掘，以及对用户画像的修正和优化，保持用户画像的准确性和实用性。

三、汽车精准营销

精准营销是用户画像或标签最直接和最有价值的应用。通过用户画像，我们可以更好地了解客户特点，找到客户在哪、找出客户的共性；并且以数据为基础，利用标签，让系统进行智能分组，获得不同类型的目标用户群，针对每一个群体策划并推送针对性的营销。它按如下步骤实施。

1. 数据的处理

数据的处理用到的技术就是用 Java 写 MapReduce 框架来实现用户上网数据的 URL 的识别，数据来源有两个方面：一个是客户的数据；另一个是网络爬虫数据。

2. 用户画像的建立

用户画像可以分为用户的基本属性、汽车的基本属性、经销商的基本属性三大类。用户画像的建立是根据客户的现有数据建立模型，分析现有标签对客户意向的影响。

（1）用户的基本属性：年龄段、性别、城市等级。

1）年龄段：将年龄按照 5 岁为一个阶段划分为不同的年龄段。

2）性别：得出购车方面男女的比例。

3）城市等级：将城市划分成不同的等级。

（2）汽车的基本属性：品牌、最低价、最高价、级别、车身形式、网站、国别、渠道、能源形式、是否纯电动。

（3）经销商的基本属性：主营品牌、电话类型、经销商名称。

知识点二　客户邀约

汽车销售流程中的前期准备工作就是客户的开发，只有先找到客户来源，才有销售流程的下一步。

汽车客户开发

一、汽车客户来源

汽车客户的来源有朋友和家庭成员、维修客户、互联网、高级会所、先前的偶然光顾者、推荐的客户、教育机构、企业、政府机构等。

二、寻找汽车客户的方法

寻找客户的方法有很多，下面介绍几种常见的方法。

1. 地毯式访问法

乔·吉拉德（Joe Girard）的做法与众不同：他到处递送名片，在餐馆就餐付账时，他要把名片夹在账单中；在运动场上，他把名片大把大把地抛向空中。

2. 广告拉引法
广告的目的就是通过信息传递刺激大多数人的消费欲望。

3. 名人介绍法
利用名人效应提高企业与产品的知名度，获得更多的客户。

4. 连锁介绍法
乔·吉拉德的一句名言就是"买过我汽车的客户都会帮我推销"。

5. 资料查阅法
资料查阅法即销售顾问通过查阅各种现有资料来寻找客户的方法。

6. 交叉合作法
不同行业的销售顾问不存在业务上的竞争，还可以相互学习和提供销售线索及机会。即使是同一行业的销售顾问也有很多合作机会。

除上述介绍的方法外，寻找客户的方法还有参观车展法、委托寻找法、人际关系开发法、同类客户推移法等。

三、汽车客户推进

（一）电话邀约

电话邀约的步骤如下。

（1）确认客户姓名。
（2）自我介绍。
（3）问候，确认对方是否方便接电话。
（4）告知目的，陈述利益。
（5）告知时间、地点。
（6）最后给予额外的利益。
（7）告别，待客户挂断电话再放电话。

小贴士

下面我们来具体分析一个打电话的案例。

销售：早上好，请问您是张大海张经理吗？

客户：是的，我是张大海，请问哪位？

销售：我是××4S专卖店的销售顾问李小玲，上次您来咱家店里看过车，请问张经理现在讲电话方便吗？

客户：还好，有一点点忙。对了，你有什么事情？

销售：是这样的，张经理。本周日，也就是23号，我们公司举办团购会，你看的车型会有大幅优惠，想邀请您到店参加，不知道您是否有时间？

客户：哦，原来是这样。能便宜多少啊？你告诉我便宜多少，如果价格合适，我就直接过去。

（二）上门拜访和展厅约见

1. 与客户沟通的语言规范

在汽车销售顾问接待客户的过程中，应注意语言规范，语言能显示出销售顾问的素质和水平。汽车销售顾问在为客户服务时应注意以下几点。

（1）客户接待用语。客户接待用语包括"欢迎光临""您好"等。

（2）友好询问用语。

"请问您怎么称呼？我能帮您做些什么？"

"请问您是第一次来吗？是随便看看还是想买车？"

"我们刚推出一款新车型，您不妨看看。不耽误您时间的话，我给您介绍一下好吗？"

（3）请教联系方式用语。请教联系方式用语包括"如果""如果方便的话""是否可以"等。

（4）恭维赞扬用语。

"像您这样的成功人士，选择这款车是最合适的。"

"先生（小姐）很有眼光，有如此高见，令我汗颜。"

"您是我见过的对汽车最熟悉的客户了。"

2. 与客户沟通时的话题选择

（1）选择既定的话题。对汽车销售顾问来讲，既定的话题就是介绍好汽车、做好需求的挖掘和问题的解决。

（2）选择内容文明、格调高雅的话题。文学、哲学、艺术、地理、历史和建筑等话题，因其内容文明、格调高雅，故适合作为各类交谈的话题，但切忌不懂装懂。

（3）选择轻松的话题。轻松的话题主要包括文艺演出、流行时装、美容美发、体育比赛、电影电视、休闲娱乐、旅游观光、风土人情、名胜古迹、烹饪小吃、名人逸事和天气状况等。

（4）选择时尚的话题。选择时尚的话题即以此时此刻正在流行的事物作为谈论的中心，但这类话题变化较快，不太好把握。

（5）应尽量避谈的话题。

1）避谈政治、宗教等可能有异议的话题。

2）避谈国家秘密及行业秘密。

3）避谈格调不高的话题。

4）避谈个人隐私。

任务实施

实施步骤：学生每2～3人为一组，每组选出一名组长，负责协调组内成员的工作。每组需完成以下任务。

（1）认真研读教师提供的案例情景。

（2）分析客户类型，设计客户开发方案。

（3）研讨案例问题。
（4）小组内派代表汇报。
（5）填写任务工单（表4-3），总结实训经验和收获。

表4-3 任务工单

任务：汽车客户招集		实训时长：40 min	
组名		班级		学号	
实训日期		教师		评分	
实训内容　关于汽车客户开发与邀约的分析					

客户姓名：王伟，大学本科毕业，在事业单位工作了5年，年薪6万。后离职经商，目前从事装修设计工作，有自己的工作室，年薪百万。太太是大学英语老师。两人有一个女儿，刚上小学。座驾：本田雅阁。

根据上述资料做客户分析：
（1）与本组同学讨论，确定客户类型，并为其设计一个销售方案；
（2）与潜在客户进行电话沟通，注意沟通的目的、电话礼仪；
（3）小组总结，每组派一名代表汇报

讨论内容：
1. 设计的销售方案是什么？

2. 电话沟通的话术有哪些？

总结实训经验和收获：

任务考核/评价

评价表见表4-4。

表4-4 评价表

评分项	评分子项目	评分细则	自我评价	小组评价	教师评价
纪律 （5分）	1. 不迟到； 2. 不早退； 3. 学习用品准备齐全； 4. 积极参与课程问题思考和回答； 5. 积极参与教学活动	未完成1项扣1分，扣分不得超过5分			
职业素养 （15分）	1. 积极与他人合作； 2. 积极帮助他人； 3. 遵守礼仪礼节； 4. 做事态度严谨认真； 5. 具备劳动精神，能主动做到场地的6S管理	未完成1项扣5分，扣分不得超过15分			
专业技能 （40分）	1. 掌握语言和非语言表达技巧； 2. 掌握开发潜在客户的途径； 3. 掌握汽车营销的基本流程与业务规范； 4. 能主动做好展车、销售工具等营销工作的准备； 5. 熟悉潜在客户开发的方法； 6. 能进行汽车客户招集作业； 7. 能准确邀约客户； 8. 能准确拜访客户	未完成1项扣5分，扣分不得超过40分			
工具及设备的使用 （20分）	1. 能正确使用平板电脑、手机上的一些图片处理和视频拍摄软件； 2. 能正确使用谈判桌等场地工具	未完成1项扣10分，扣分不得超过20分			
任务工单填写 （20分）	1. 字迹清晰； 2. 语句通顺； 3. 无错别字； 4. 无涂改； 5. 无抄袭； 6. 内容完整； 7. 回答准确； 8. 有独到的见解	未完成1项扣5分，扣分不得超过20分			

❖ **拓展阅读**

乔·吉拉德励志故事：名片是成功的开始

乔·吉拉德有一个习惯：只要碰到一个人，他马上就会把名片递过去，不管是在街上还是在商店。他认为生意的机会遍布于每一个细节。

"给你个选择：你可以留着这张名片，也可以扔掉它。如果留下，你就会知道我是干什么的、卖什么的，细节全部掌握。"

乔·吉拉德认为，推销的要点不是推销产品，而是推销自己。

"如果你给别人名片时想，这是很愚蠢很尴尬的事，那怎么能给出去呢？"他说，恰恰相反，那些举动显得很愚蠢的人，正是那些成功和有钱的人。他到处用名片，到处留下他的味道、他的痕迹，人们就像绵羊一样来到他的办公室。

去餐厅吃饭时，他给的小费每次都比别人多一点点，同时主动放上两张名片。因为小费比别人的多，所以大家肯定要看看这个人是做什么的，分享他成功的喜悦。人们在谈论他，想认识他，根据名片来买他的东西，经年累月，他的成就正是源于此。

他甚至不放过借看体育比赛的机会来推广自己。他的绝妙之处在于，在人们欢呼的时候把名片雪片般撒出去。于是大家欢呼，那是乔·吉拉德——已经没有人注意那些体育明星了。

模块五
汽车展厅销售

模块介绍

目前，汽车销售渠道正在经历一系列的变化。传统的销售渠道，如汽车经销商和4S专卖店，仍然占据了市场的主导地位，但随着互联网和智能手机的普及，电商平台和在线预订服务逐渐崭露头角，为汽车销售行业带来了巨大的改变。同时，全球范围内对环境可持续发展的重视推动了新能源汽车的发展。这对汽车销售行业提出了更高的要求，也带来了新的机遇。为了适应这些变化，汽车销售行业正在进行渠道调整和创新，以更好地满足消费者的需求和期望。

任务一
渠道营销

任务描述

作为汽车行业的从业人员，需要掌握汽车销售渠道的含义，了解汽车销售线上和线下渠道的现状和趋势，并学会判定企业分销渠道的层级、长度及分销渠道模式。

任务目标

1. 了解汽车分销渠道的结构、类型和模式。
2. 掌握汽车销售渠道的概念。

任务分析

要完成本学习任务，可以按照以下流程进行。

1. 认真研读案例。
2. 根据知识点的学习画出渠道结构层级图。
3. 小组研讨后填写任务工单。

完成本学习任务需要准备的工作场景和设备如下。

1. 任务工单。
2. 其他需要用到的工具。

完成本任务所需的知识详见后续相关知识中的各知识点。

相关知识

知识点一　汽车销售渠道

销售渠道又称分销渠道，是汽车产品实现其价值过程中的一个重要环节，它包括科学地确定汽车分销路线、合理规划汽车分销网络、认真选择汽车中间商、高效组织汽车储运等。分销渠道策略是汽车企业营销管理的重要组成部分，是汽车市场营销组合中的一个关键因素，它的宗旨是加快汽车产品的流通和销售资金的周转，提高汽车企业和中间商的经济效益。

汽车分销渠道模式

一、汽车分销渠道的含义

汽车分销渠道是汽车产品从生产企业向最终消费者直接或间接转移汽车所有权所经过的途径，是联系汽车生产者和消费者的纽带。汽车分销渠道的环节主要包括起点的汽车生产企业、中间商和终点的消费者。它主要包含以下几层含义。

1. 汽车分销渠道是汽车流通的全过程

汽车分销渠道的起点是汽车生产企业，重点是汽车消费者（用户），它所包含的是从汽车生产企业到消费者之间的完整的汽车流通过程，而不是汽车流通过程的某一阶段。

2. 推动汽车流通进程的是中间商

汽车产品从生产企业向最终消费者转移的过程中，会发生多次交易，而每次交易都是买卖行为。该过程可表示为汽车生产企业→中间商（总经销商→分销商→经销商）→消费者。由中间商（各层次经销商）组织汽车批发、销售、运输、储存等活动，一个环节接着一个环节，把汽车源源不断地从生产者向消费者转移。不仅是价值形态变换的经济过程，还反映了汽车实体的移动路线。

3. 构成汽车分销渠道的前提是汽车所有权的转移

在汽车销售渠道中，汽车生产者向消费者转移汽车产品，应以汽车所有权的转移为前提。汽车流通过程首先反映的是汽车作为商品的价值形态变换的经济过程，只有导致汽车所有权更迭的买卖过程，才能构成汽车分销渠道。

4. 汽车分销渠道是汽车市场信息流传递的过程

通过中间商，汽车生产企业可以了解到消费者的需求状况，收集竞争对手的营销资料，发布企业新产品的信息。

二、汽车分销渠道的功能

汽车工业是国民经济的支柱产业，汽车分销渠道连接着汽车生产与消费，它实现了产品从生产者向消费者的转移，调节着生产和消费之间在产品数量、结构、时间、空间上的矛盾，是整个汽车工业再生产过程中的一个重要环节。同时，它对拉动内需、增加税收、积累资金、扩大就业也有着不可忽略的作用。对汽车生产企业来说，分销渠道一般具有以下功能。

1. 售卖功能

售卖是分销渠道最基本的功能，产品只有被售出，才能完成向商品的转化。汽车厂商与其经销商的接洽，经销商与用户的接洽，以及三者之间所进行的沟通、谈判、签订销售合同等业务，都是在履行分销渠道的售卖功能。

2. 投放与物流功能

由于各地区的市场和竞争状况是不断变化的，分销渠道必须解决好何时将何种商品、以何种数量投放到何种市场上去，以实现分销渠道整体的效益最佳。投放政策一经确立，分销渠道必须保质保量地将指定商品在指定时间送达指定的地点。

3. 促销功能

促销即进行关于所销售的产品的说服性沟通。绝大多数的促销方式都离不开分销渠道的参与，而人员推销和各种营业推广活动，多数是通过分销渠道完成的。

4. 服务功能

现代社会要求销售者必须为消费者负责。同时，服务质量也直接关系到企业在市场竞争中的命运。因而分销渠道必须为用户提供满意的服务，并体现企业形象。汽车产品因其结构特点、使用特点和维修维护特点，要求分销渠道必须对用户提供良好的服务而且趋势是要求越来越高。

5. 市场研究和信息反馈功能

由于市场是一个时间和空间的函数，分销渠道应密切监视市场动态，研究市场走势，尤其是短期市场变化，收集相关信息并及时反馈给生产厂家，以便厂家的生产能够更好地与市场需求协调一致。

6. 资金结算与融通功能

为了加速资金周转，减少资金占用及相应的经济损失，生产厂家、中间商、用户之间必须及时进行资金清算，尽快回笼货款。此外，生产厂家与中间商、中间商与用户之间，还需要相互提供必要的资金融通和信用，共同解决可能出现的困难。

7. 风险分担功能

汽车市场有畅有滞，中间商与生产厂家应是一个命运共同体，畅销时要共谋发展，滞销时也要共担风险。只有如此，中间商与生产厂家才能共同得到长期发展。

8. 管理功能

大部分整车厂家的分销渠道是一个复杂的系统，需要能够进行良好的自我管理。

需要说明的是，分销渠道的以上功能，并不是所有的中间商都必须全部具备，中间商的具体功能可以只是其中一部分，这与中间商的类型和作业有关。通常对从事汽车（轿车）整车分销业务的中间商，基本的功能要求主要集中在整车销售、配件供应、维修服务、信息反馈等方面（称作"四位一体"）。当然，随着汽车市场的发展，汽车中间商的功能也会变好，如履行车辆置换、旧车回收、二手车交易、汽车租赁等业务功能。

另外，对汽车消费者来说，汽车分销渠道为汽车消费者提供了便利，它节省了汽车流通费用，降低了汽车流通过程中的销售成本，从而减轻了汽车消费者的负担，最终为消费者提供了更大的价值。

三、汽车分销渠道的参数

汽车分销渠道主要包含以下几个参数。

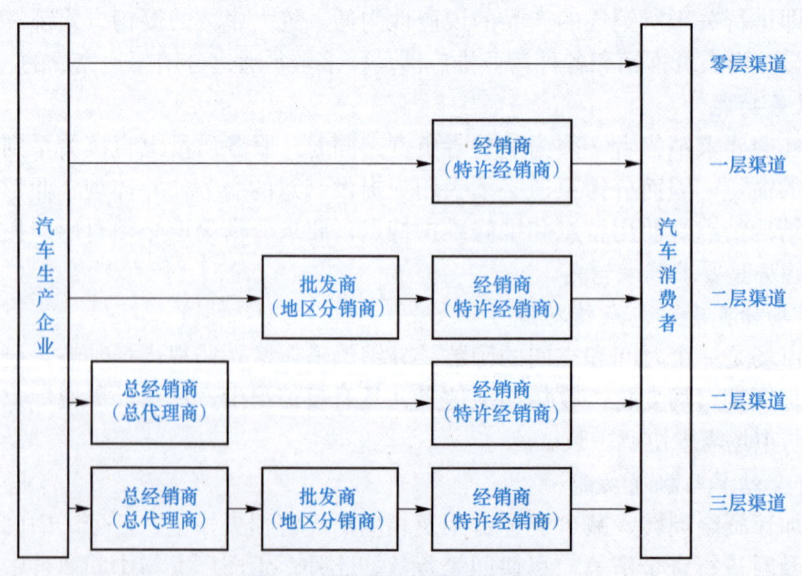

1. 汽车分销渠道的层级

汽车分销渠道的层级是指汽车产品在从生产企业转移到消费者的过程中对汽车拥有所有权或销售权的机构的层级数量。

零层渠道也称直接市场营销渠道，是指汽车从生产企业流向消费者的过程中，不经过任何中间商，直接将汽车产品提供给消费者的销售渠道；一层渠道是含有一个中间商的销售渠道；二层渠道是含有两个中间商的销售渠道，并以此类推，如图 5-1 所示。

图 5-1 汽车分销渠道的层级

2. 汽车分销渠道的长度

汽车分销渠道的长度是指汽车从生产企业流向最终消费者的过程中，所经过的中间层级或环节数。中间层级或环节越多，则渠道的长度越长，渠道的长度取决于中间商的数量。例如，直接市场营销渠道的渠道长度为 0，一层渠道的长度为 1。

3. 汽车分销渠道的宽度

汽车分销渠道的宽度是指组成分销渠道的每个层级或环节中，相同类型的中间商数量，同类型的中间商越多，渠道就越宽。

4. 汽车分销渠道的多重性

汽车分销渠道的多重性是指汽车企业根据目标市场的具体情况，使用多种分销渠道销售汽车。即汽车企业通过一条以上的渠道，使统一汽车产品进入两个以上的目标市场。例如，轿车可以通过某一渠道卖给政府部门、企业事业单位作为公务用车，也可以通过另一渠道卖给出租公司、汽车租赁公司作为出租用车或租赁用车。

知识点二　汽车分销模式

一、我国汽车分销渠道的发展历程

自 1953 年第一汽车制造厂建成投产，到 2021 年中国汽车产业加速拥抱"新四化"（电动化、网联化、智能化、共享化），在长达 68 年的时间跨度里，中国汽车分销渠道经历从无到有、从有到优的过程，大致可分为无渠道阶段、销售体系建立阶段、分销体系发展和完善阶段、4S 专卖店模式出现和发展阶段及直销体系出现和发展阶段。2012 年以后，车企自营渠道逐渐建立，中国汽车渠道网络总体呈现出以经销网络为主、自营渠道为辅的局面，如图 5-2 所示。

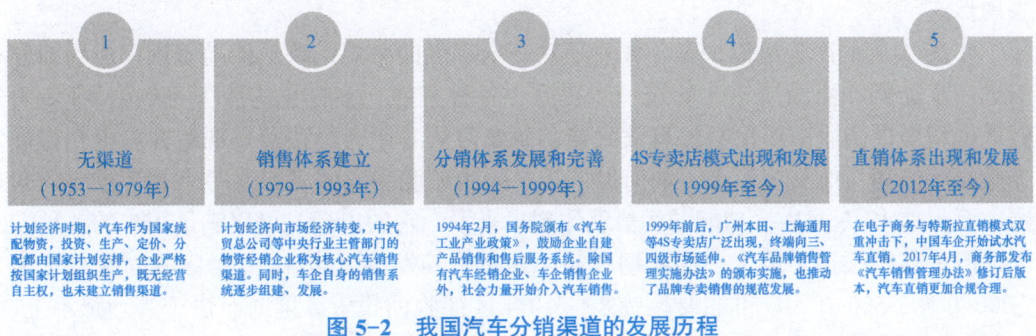

1	2	3	4	5
无渠道 (1953—1979年)	销售体系建立 (1979—1993年)	分销体系发展和完善 (1994—1999年)	4S专卖店模式出现和发展 (1999年至今)	直销体系出现和发展 (2012年至今)
计划经济时期，汽车作为国家统配物资，投资、生产、定价、分配都由国家计划安排，企业严格按国家计划组织生产，既无经营自主权，也未建立销售渠道。	计划经济向市场经济转变，中汽贸总公司等中央行业主管部门的物资经销企业称为核心汽车销售渠道。同时，车企自身的销售系统逐步组建、发展。	1994年2月，国务院颁布《汽车工业产业政策》，鼓励企业开展产品销售和售后服务系统。除国有汽车经销企业、车企销售企业外，社会力量开始介入汽车销售。	1999年前后，广州本田、上海通用等4S专卖店广泛出现，终端向三、四级市场延伸。《汽车品牌销售管理实施办法》的颁布实施，也推动了品牌专卖店的规范发展。	在电子商务与特斯拉直销模式双重冲击下，中国车企开始试水汽车直销。2017年4月，商务部发布《汽车销售管理办法》修订后版本，汽车直销更加合规合理。

图 5-2　我国汽车分销渠道的发展历程

2019 年以来，中国汽车进入存量时代。中国汽车销量在 2020 年上半年大幅下跌，尽管下半年销量有所反弹，但整年销量同比仍下滑。同时，"新四化"浪潮浩浩荡荡，汽车逐渐由单一交通工具向智能移动空间转变。多重变化下，传统汽车渠道网络模式亟待变革，以适应新时代汽车产品的销售逻辑。受近几年车销量持续下跌的影响，车企与经销商双双陷入盈利困境。车企被多年来盲目扩充的产能"裹挟"，不得不向经销商提出日益严苛的销量指标，导致汽车库存指数长期在警戒线徘徊，近七成经销商卖车已不挣钱，转而以维修、金融等服务为主。车企、经销商之间亟须建立起互利共赢的新型厂商关系。

二、常见的线下汽车分销渠道

1. 汽车交易市场

和其他的交易市场一样，汽车交易市场是指各种不同的汽车产品和众多的经销商集中在同一场所，以店面的方式开展经营，由多个代理经销商分销，形成集中的多样化交易场所。从市场的管理者是否同时是经营者，汽车交易市场可以分为以管理服务为主、以自营为主（目前这种模式占有形市场的80%～90%）、管理经营并重三种模式，如北京亚运村汽车市场、成都西部汽车交易市场、烟台汽车交易市场等。

从全国范围来看，目前国内汽车交易市场有400～500家，其中形成一定规模的有100余家。在车市井喷的2001—2003年就出现了摊位数下降、营业面积扩大和营业额上升的趋势，然而值得注意的是，在一些大中城市普遍有3～4家交易市场、交易市场需求饱和及厂家大力推行品牌专卖等其他模式时，沈阳、上海、西安、深圳等城市仍在大力新建各种大型汽车交易市场。回顾前几年的销售情况和结合交易市场本身的特点、国内外的经验，我们可以发现交易市场有它自身的局限性。特别是伴随着厂家对树立自身品牌的重视、相关政策的落实和其他渠道功能的完善，它将面临市场空间缩小、向二手车市场转型或退出一线市场甚至衰败的可能。

2. 品牌专卖店

品牌专卖店是一种以汽车制造商的营销部门为中心，以区域管理中心为依托，以特许或特约经销商为基点，集整车销售、配件供应、售后服务、信息反馈与处理为一体，受控于制造商的渠道模式，主要以"三位一体"（3S）和"四位一体"（4S）为表现形式。

4S专卖店的产生可以说是市场竞争到一定程度的必然结果。伴随着汽车市场细分的进一步加剧和商品同质化的进一步提升，各种有效、多样化的服务将成为4S专卖店保持和提供企业市场份额的有效武器，而如何从潜在客户特别是现有客户中获得最准确的定位和其他反馈信息，如何保持客户的满意度和忠诚度将是一个非常重要的问题，而此时4S专卖店多功能的优势就体现出来了。它的出现，可以满足用户的各种需求，但是其投入过于庞大，回收期较长，如在中等发达城市4S专卖店的固定投资为1 000万～1 500万元，可能要耗费8～10年才能收回投资。同时，由于管理跟不上，有些4S专卖店被人称作"一流的设备，三流的服务"。

另外，主要应用于轿车市场的4S专卖店模式正在被越来越多的商家应用于客车、卡车市场。一个值得注意的现象是，在欧洲一些经济非常发达的国家，汽车业已经进入一个非常成熟的阶段，专卖店巨大的投入再加上密集的销售网点、激烈的市场竞争，使专卖店的销售利润急剧减少，一些地方已经出现专卖店合并甚至破产的情况。欧盟也积极采取一系列旨在降低成本、促进消费包括允许多品牌专卖、汽车交易可以不提供维修和售后服务等措施。

3. 连锁经营模式

连锁经营模式是指由一家大型商店控制的，许多家经验相同或相似业务的分店共同形成的商业销售网。根据所有权、经营权的不同，它可以分为正规连锁（所有权统一）、自愿连锁（所有权独立）和特许连锁（授权经营）三种形式。

连锁经营模式出现在19世纪末到20世纪初的美国，到1930年，连锁店的销售额已经占全美销售总额的30%。20世纪50年代末、60年代初以来，欧洲、日本也逐渐出现了连锁商店，并得到迅猛发展，到20世纪70年后全面发展，逐步演化为一种主要的商业零售企业组织形式。而我国汽车连锁经营模式是从1997年亚飞汽车组建汽车连锁店开始的，直至在全国200多个城市建立了400家连锁分店。

连锁经营模式的主要优势在于有利于形成规模经济，降低汽车及零部件的进货和销售成本，方便消费、维修及保证质量的稳定等，但是在如今的实际运作中，连锁经营店与制造商的特约经销商操作如出一辙，只是名义上多了一个统一采购，并且由此在带来利润的分配上多了一个总部。另外，伴随着其他渠道（如专卖店）的升级，连锁经营在销售环境和服务质量上的优势也越来越不明显。

4. 代理模式

在代理模式中，总代理一般与制造商属于一个集团公司，分别履行生产和销售两大职能。总代理渠道中可以分为多级代理，其中一级代理商是指具有市场开拓能力和资金实力的经制造商特约定点销售的商家；二级代理商是指自己与制造商没有直接的进货渠道而依靠一级代理商进货的商家。他们之间一般以产权或合作为纽带，可以把商品迅速推向市场，缺点是制造商压力过大，部分代理商缺乏销售动力。

5. 汽车超市

汽车超市主要是指那些特许经销模式之外、多品牌经营的汽车零售市场，如北京经开国际汽车会展中心、东方基业汽车城等。和我们日常生活中常见的超市一样，汽车超市的特色就是以品牌齐全取胜，在那里，我们可以看到许许多多来自各种品牌的汽车。然而由于汽车行业本身的特点，制造商仍占主导地位。因为汽车超市在价格上不比一般的专卖店高，所以利润相对就减少了。

三、汽车线上渠道

选取特斯拉、蔚来两家车企为标杆作为汽车线上分销渠道的典型案例进行分析。

（1）汽车创新标杆——自2003年诞生之日起，特斯拉的定位便是创新者和颠覆者。特斯拉一直坚持"线上销售＋线下体验和服务"的直销模式，是全球汽车渠道网络模式创新标杆企业。2012年4月22日，特斯拉正式进入中国，首次将直销模式引入中国汽车市场。

（2）新造车企标杆——以特斯拉为对标对象的中国造车新势力蔚来汽车，借助新生事物身份大幅推进汽车渠道网络模式创新。销量与市值均位列中国造车新势力前列的蔚来，在汽车渠道网络模式上创新力度很大，是造车新势力渠道模式创新标杆企业。

1. 特斯拉分销渠道模式分析

特斯拉分销渠道的设计理念是最大化减少用户附加成本。基于电池成本高昂、市场规模较小、消费者认知度低等原因，特斯拉力图在渠道网络上最大化减少用户附加成本，以更实惠的价格和透明的渠道，吸引用户购车以快速享受优质体验。借助自营渠道，特斯拉将产品直接销售给消费者，跳过了经销商环节，最大化降低用户的金钱成本；实现产品价格的绝对统一，省去用户讨价还价的时间，最大化降低用户的时间成本。

特斯拉的渠道类型是零阶渠道。作为新锐电动汽车品牌，特斯拉率先采用零阶渠道的直营模式，产品由特斯拉借助自营渠道网络售向消费者。目前，特斯拉渠道网络主要由线上、线下两部分组成，线上组成单位包括官网、官方电商旗舰店，线下组成单位包括体验店/体验中心、交付中心、服务中心，如图 5-3 所示。

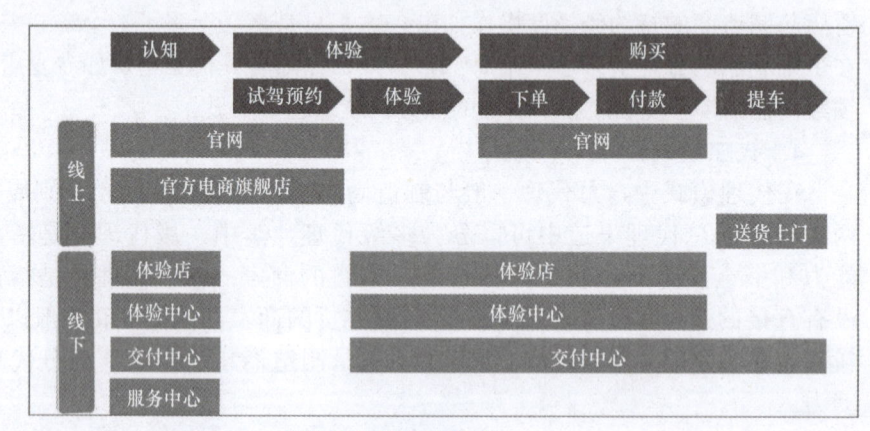

图 5-3 特斯拉分销渠道模式

根据特斯拉官网数据，截至 2020 年年底，特斯拉在中国 57 座城市共建有 165 家体验店/体验中心。其中，华东是特斯拉体验店分布最集中的区域，北京是特斯拉体验店分布最密集的城市。从整体来看，特斯拉体验店分布呈现东密西疏的特征，华东、华北、华南是布局重点。

特斯拉的体验店践行极简科技风格，与智能手机巨头苹果类似。作为特斯拉与用户建立联系的"桥头堡"，体验店承担着特斯拉服务用户的职责。与传统 4S 专卖店不同，特斯拉体验店仅陈列少量车辆。特斯拉门店仅为消费者提供认知、购买（不包括交付）两项服务。店内布置有少量沙发、桌子、计算机，并未设置专门的功能区，装修风格十分简单。为了保证服务的高效率与专业度，特斯拉体验店采用"流水线"工作方式，介绍、试驾、下单等都由不同的人员完成，专人专事，保证服务质量的一致性与可靠性。

依托"城市入驻计划"，特斯拉计划在我国东西南北四大区位共 45 个城市建立更多的多功能销售中心，城市覆盖数量将翻两倍，门店数量也快速增长。2020 年，特斯拉在华销量约为 14.8 万辆，其中国产 Model 3 占比约为 94%。2021 年年初，特斯拉下线国产 Model Y。随着覆盖城市与体验店/体验中心数量的增长，特斯拉在我国销量仍有极大的上涨空间。

2. 蔚来分销渠道模式分析

以 2019 年 5 月魏建出任蔚来用户运营副总裁为节点，蔚来汽车的分销渠道策略由"死磕"用户服务转为提升运营效率。自创立之初至 2019 年 5 月，蔚来处在"死磕"用户服务的 1.0 时代，线下门店以功能齐全的蔚来中心（NIO House）为主；随着中国电动汽车进入资格赛，蔚来开始进入提升运营效率的 2.0 时代，大面积推广仅具备单一销售功能的蔚来空间（NIO Space）。

蔚来的渠道类型属于非严格意义的零阶渠道。1.0 时代，蔚来线下门店主要以蔚来中心（NIO House）为主，其渠道网络属于自营零阶渠道；跨入 2.0 时代后，蔚来线下门店增加了大量蔚来空间（NIO Space），后者由蔚来与合作伙伴共同建成，因此蔚来渠道网络不属于严格意义上的零阶渠道（图 5-4）。

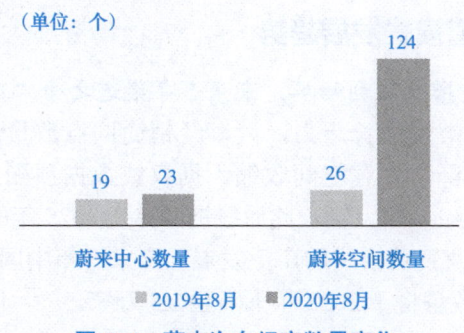

图 5-4 蔚来汽车门店数量变化

（单位：个）

	2019年8月	2020年8月
蔚来中心数量	19	23
蔚来空间数量	26	124

根据蔚来官网数据，截至 2020 年年底，蔚来在中国 106 座城市共建有 218 家蔚来中心 / 蔚来空间。其中，蔚来中心共 23 家，蔚来空间共 195 家。华东是蔚来门店分布最集中的区域，上海是蔚来门店分布最密集的城市（图 5-5）。

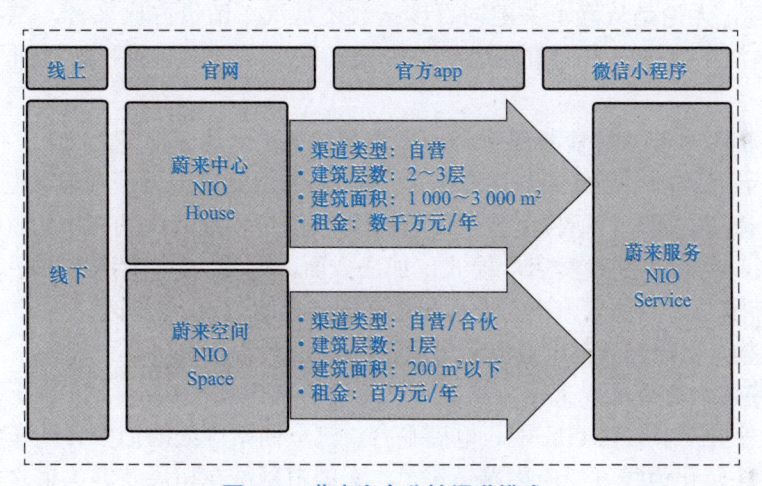

图 5-5 蔚来汽车分销渠道模式

线上：官网、官方app、微信小程序

线下：
- 蔚来中心 NIO House
  - 渠道类型：自营
  - 建筑层数：2~3层
  - 建筑面积：1 000~3 000 m²
  - 租金：数千万元/年
- 蔚来空间 NIO Space
  - 渠道类型：自营/合伙
  - 建筑层数：1层
  - 建筑面积：200 m²以下
  - 租金：百万元/年

→ 蔚来服务 NIO Service

蔚来中心秉承"一店一设计"的理念，不仅在门店设计上融入城市当地生活方式的元素，还根据店型不同实现了店内功能区域的因地制宜。蔚来中心更像是蔚来为车主打造的温暖社区。蔚来力求在蔚来空间中融入蔚来品牌的DNA——Blue Sky Coming。通过运用不同触感的材质、别具一格的设计和细致入微的处理，塑造了蔚来中心独特的设计风格。与传统车企4S专卖店不同，蔚来中心一般为复层结构，二层及以上为车主专属区，包括阅读区、茶水吧台、会议室、亲子空间等，供车主聚会、会客和放松。

销售目标及开拓市场和用户仍是蔚来顾问的重要职责，但蔚来更强调销售专员输出蔚来的价值观，维护用户关系与团队协作。购车成交是传统4S专卖店的终点，却是蔚来服务用户的起点。融合蔚来中心＋蔚来空间两种门店形式，蔚来渠道的控制性出色，经济性和适应性则有待观察。蔚来渠道不仅销售汽车，更为客户提供各项服务，这是其一大特征与优势。2020年年底，蔚来门店总数达到218家，超过年初预设的200家目标。蔚来有望在今后将门店数量继续拓展。

四、汽车分销渠道模式发展趋势

1. 中国乘用车销量增长红利殆尽，未来5年渠道之争"内卷"加剧

近年来，中国汽车销量增长乏力，汽车经销商网点数量高居不下，经销商库存指数攀升、单店效益下降、生存空间收缩。据权威数据预测，中国乘用车销量将于2021年同比微跌2.4%至1 969万辆，此后缓慢回弹至2025年的2 149万辆；由于汽车销量增长红利消失，以及直营模式的广泛发展，未来5年中国汽车分销渠道将加剧内卷，乘用车经销商网点数量将于2023年下降至2.5万家。

2. 汽车分销渠道"一沉到底"

广大的地域与人口决定了下沉市场具有良好的汽车消费基础，2000年以后2010年前出生人口（00后）占比之高与汽车渗透率之低决定了其汽车消费潜力巨大，移动网民占比与网民月均上网时间之高决定了其推进汽车营销数字化的阻力较小。2020年，无论是从汽车关键词百度指数还是汽车销量占比来看，二线及以下城市都在中国汽车市场中占据重要地位。未来，汽车渠道网络将持续推进下沉、挖掘深层客户。

3. 传统4S专卖店功能拆解重构，汽车分销渠道发展方向多元化

面对日新月异的市场格局与用户需求，传统4S专卖店不再是汽车渠道网络的唯一终端形态。减法方面，特斯拉体验店仅起到传统4S专卖店四大功能中的整车销售与用户反馈功能，类似"2S专卖店"模式；加法方面，传统4S专卖店与二手车交易的结合体为5S专卖店，与团购汽车与个性化售车的结合体是6S专卖店。传统4S专卖店功能拆解与重构，支撑起汽车渠道多元化发展。

4. 数字化加速渠道线上化，赋予用户无缝购车体验

借助数字化工具，源自官网、电商平台、汽车网站等处的消费者购车线索，可经销售商机漏斗转化为线下门店终端销售，汽车渠道网络在拓展获客渠道之余，也提高了潜客转化效率。未来，数字化与线上化将成为汽车渠道网络的发展方向，体验与提车环节将成为攻坚重点。借助数字化展厅、汽车电商等新型体验与提车方式，购车全流程最终有望实现完全线上化（图5-6）。

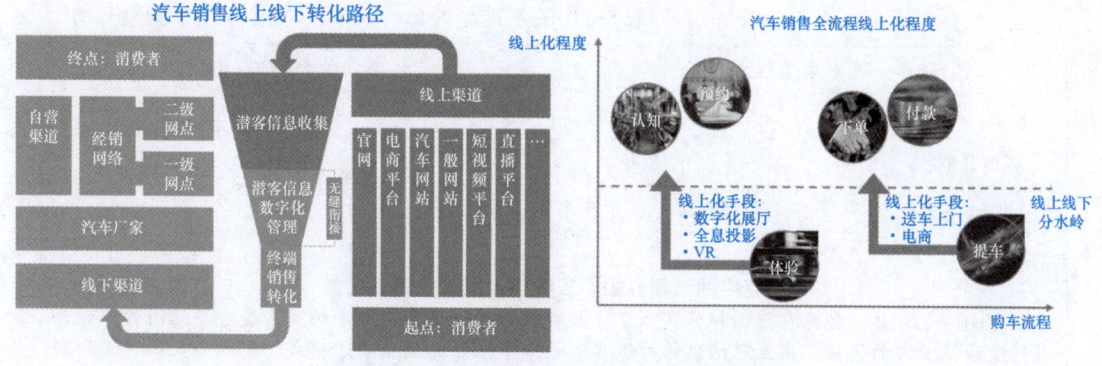

图 5-6　数字化助力汽车分销渠道线上化

5. 四大新时代特征下，渠道网络以服务定义汽车

未来 10 年，市场全球化、产业数字化、产品科技化与品牌轻型化（Globalization of market、Digitalization of industry、Technological products、Lightened brands，首字母缩写 G.D.T.L）四大新时代特征将加速汽车产品属性由单一交通工具向智能移动空间转变、包括体验、充电、维保、OTA 等汽车服务，将成为汽车渠道网络的主要职能与收入来源。

6. 政策东风解绑汽车经销商，分销渠道向阳而生

《汽车销售管理办法》打破了单一品牌授权模式、推动建立了新型市场主体关系、突出加强了消费者权益保护等，是中国汽车销售管理的一次重要进步。结合《中华人民共和国反垄断法》《中华人民共和国消费者权益保护法》等，未来中国汽车渠道网络将步入健康发展的正轨，看齐甚至超越欧、日、美等发达国家与地区的成熟渠道网络。

任务实施

实施步骤：学生每 4~6 人为一组，每组选出一名组长，负责协调组内成员的工作。每组需完成以下任务。

（1）认真研读教师提供的案例情景。
（2）根据案例画出渠道层级图。
（3）研讨案例问题。
（4）小组内派代表汇报。
（5）填写任务工单（表 5-1），总结实训经验和收获。

表 5-1　任务工单

任务：汽车渠道模式分析		实训时长：30 min	
组名		班级	学号
实训日期		教师	评分
实训内容　关于汽车销售渠道的案例分析			

案例：

领克空间杭州亮相　三种渠道模式大打组合拳

自 2016 年 10 月，领克在德国柏林发布全球品牌以来，一直享有极高的关注度。与此同时，领克以传统经销模式为基础，用互联网思维打造线上＋线下融合的创新渠道模式，也成为业界讨论和研究的热点。

2017 年 10 月 25 日，位于杭州龙湖天街的领克空间正式开业。领克空间＋领克中心＋领克商城三种渠道模式逐渐形成合力，更清晰地展现在我们面前。

通过生活方式的传递输出品牌文化

位于大型商圈的领克空间作为领克品牌重要的渠道模式之一，集展示、销售功能于一身。看上去像一家潮牌店的颠覆性设计风格，和以体验为核心的创新服务体系，正是领克"个性、开放、互联"的品牌理念的具象表现。此外，领克空间与购物中心进行功能性结合，可以提供给客户最大的便利性，如用看一场电影的时间给车做个保养。领克空间为购物中心在"衣食住行"的"行"方面提供了很好的解决方案，成为新的商业业态补充。

如今 90 后、00 后的互联网一代正成为购车的主要群体。他们不再满足于传统的购车方式：前往遥远的郊区 4S 专卖店看车，在复杂的车型和配置中纠结矛盾，与销售顾问反复砍价等。领克空间的推出，正体现出领克对于传统渠道模式痛点的思考和改变。

区别于传统汽车经销商店的刻板印象，领克空间基于现代都市生活，打造场景化、沉浸式的感官体验。像运动品牌设专柜陈列运动鞋一样，领克每一种颜色、配置的车型都以车模形式陈列在空间中央的展示墙上。车模中装有芯片，客户将感兴趣的车模取下，放在一侧探索吧台的感应区上，屏幕就会自动显示车型配置、价格信息及库存情况。这种所见即所得的"黑科技"让购物体验变得更加自由轻松。

三管齐下　打好组合拳

除领克空间外，领克线上＋线下的渠道模式还包括领克商城与领克中心。线上领克商城和线下领克中心、领克空间各有侧重、全面协同，可以说是对传统渠道模式的一种颠覆和创新。

据了解，领克中心不仅具有传统汽车销售店展示、销售、售后服务等的全部功能，还将为消费者提供便捷的在线销售和店内体验服务。与领克空间相比，领克中心的售后服务能力更加完善，两者将根据所在城市结构，进行合理、优化布局，形成定位互补。此外，领克还将在线上推出领克商城，其透明的订单系统，让消费者可以看到车辆制造、下线、运输的全过程。

领克汽车销售公司常务副总经理易寒曾对外界表示，研究客户需求及痛点，领克希望"领克中心"和"领克空间"将形成双渠道互补。比如"领克中心"建在城市边缘，将"领克空间"建在城市中心形成互补。商业广场有极大的人流、有好的销售线索收集能力，但对大规模售后的支撑能力有限，几千米外的"领克中心"将有更好的、更完善的售后维修能力，这种渠道模式将比传统单一的 4S 专卖店模式更有盈利能力，也符合领克客户群体的生活习惯和特征。在这种渠道互补模式下，领克也会引入结合更多消费者的接触点相应地进行改进。

可以说，领克的创新渠道模式是基于对互联网时代都市年轻族群的需求洞察，也代表了互联网时代汽车渠道模式的发展方向。同时，领克线上、线下两种渠道的布局模式，在一定程度上也顺应了国家《汽车销售管理办法》出台后的新形势。新版《汽车销售管理办法》提出：经销商不得在标价之外加价销售或收取额外费用；买车不再局限于 4S 专卖店，在商场、超市、各种网络平台也都会有相应的正规合法的车源销售。

领克在销售渠道模式上的创新，已经获得了经销商和投资人的广泛认可。据了解，领克收到超过 1 000 家经销商的加盟合作申请，其中具备主流合资品牌经营资质的经销商占比超过七成，来自吉利渠道优秀投资人的申请约三成。

续表

讨论内容：
1. 领克汽车的渠道模式（画出渠道层级图）；

2. 这样的渠道模式给领克品牌带来了哪些积极的影响？

总结实训经验和收获：

任务考核/评价

评价表见表 5-2。

表 5-2 评价表

评分项	评分子项目	评分细则	自我评价	小组评价	教师评价
纪律 （5分）	1. 不迟到； 2. 不早退； 3. 学习用品准备齐全； 4. 积极参与课程问题思考和回答； 5. 积极参与教学活动	未完成1项扣1分，扣分不得超过5分			
职业素养 （15分）	1. 积极与他人合作； 2. 积极帮助他人； 3. 遵守礼仪礼节； 4. 做事态度严谨认真； 5. 具备劳动精神，能主动做到场地的6S管理	未完成1项扣5分，扣分不得超过15分			

续表

评分项	评分子项目	评分细则	自我评价	小组评价	教师评价
专业技能（40分）	1. 能够分析汽车分销渠道的结构； 2. 能够判定汽车分销渠道的类型和模式； 3. 能够画出汽车分销渠道的层级； 4. 能够正确分析案例	未完成1项扣10分，扣分不得超过40分			
工具及设备的使用（20分）	能使用计算机、手机上的一些调查工具软件	未完成一题扣10分，扣分不得超过20分			
任务工单填写（20分）	1. 字迹清晰； 2. 语句通顺； 3. 无错别字； 4. 无涂改； 5. 无抄袭； 6. 内容完整； 7. 回答准确； 8. 有独到的见解	未完成1项扣5分，扣分不得超过20分			

任务二

展厅接待

任务描述

汽车展厅是客户了解和体验汽车产品的重要场所。销售顾问作为客户的第一接触人，其服务态度、礼仪、专业知识和沟通技巧直接影响客户对产品的印象和购买意愿。因此，通过学习展厅接待礼仪、流程和话术，学生可以提高客户体验，改善品牌形象。

任务目标

1. 熟悉汽车展厅接待的礼仪、流程和话术。
2. 能够模拟真实展厅接待情境。

任务分析

要完成本学习任务，可以按照以下流程进行。
1. 熟悉展厅接待的工作流程。
2. 根据客户的情景完成接待话术演练。

完成本学习任务需要准备的工作场景和设备如下。
1. 汽车销售工作包，内含汽车客户资料卡、名片、笔、报价单等。
2. 展车和产品宣传资料。
3. 其他需要用到的工具，如托盘、水杯等。

完成本任务所需的知识详见后续相关知识中的各知识点。

相关知识

知识点一　汽车展厅接待前的准备

一、销售准备

经销商的整车销售工作，应从做好各方面准备工作开始，以体现销售顾问的专业素养，建立销售信心，达成客户的认可与信赖，树立品牌美誉度。

汽车展厅接待

1. 销售顾问的自我准备

销售顾问之所以被称为顾问，是因为在客户的眼里，销售顾问应该是精通汽车知识的专业人士。销售顾问不仅应该掌握本公司销售品牌汽车的产品知识，还应该充分了解竞争品牌的优缺点、价格政策等。所经销品牌的产品知识包括品牌的核心 DNA、产品系列、技术优势、各车型的配置、性能和技术参数、价格政策等。此外，销售顾问应该掌握一定的心理学知识和谈判沟通技巧，并能够熟练地进行凸显本品牌特色的产品介绍。

2. 销售工具的准备

销售顾问应统一配置并携带销售工具夹。销售工具夹包括名片、荧光笔、计算器、便笺及内部资料。内部资料包含产品型录、购车合同文本、报价单、保险速查表、分期速查表、精品装潢项目表、试乘试驾协议、格式化订单、质量担保政策、服务承诺和竞争车型资料等。

3. 试乘试驾的准备

试乘试驾应由专人管理，保证车况处于最佳状态。每位执行试乘试驾的试驾专员或销售顾问应有驾照，并能熟练驾驶试驾车辆。

4. 可售资源的准备

销售部内勤顾问应每日及时更新可售车源的清单，确认当日可售车辆的车型、颜色及数量,使销售顾问做到心中有数。"可售"是指经销商掌握的能够确保客户在销售顾问承诺的时间期限内提车的车辆资源,包括在库车辆、在途车辆、已确定的提车计划内车辆及可以从同品牌其他经销商处调剂到的车辆。

5. 排班制度

为保证客户接待工作的质量和销售商机分配的公平性,展厅主管每月应合理安排每日展厅值班人员表,展厅内部保持至少3人值班接待,周末和促销日须多安排人员值班;销售顾问应查看每日值班表,明确第一至第三顺位值班人员之间的递补及衔接工作配合。第一顺位销售顾问站在展车与展厅大门之间巡视,随时关注展厅来客,如有客户到来,及时上前迎接。第一顺位销售顾问接待完成后,必须负责后续环境、车辆整理及清洁。第二顺位销售顾问站立在接待台后,负责提供饮料及续杯、客户咨询等业务。另外,第二顺位销售顾问每1 h巡视展厅一次,检查展厅内部环境与展车的清洁状况,并做记录。第三顺位销售顾问坐在接待桌旁,接听来电。其他销售顾问在销售办公室内或其他区域进行自己的工作,不得无故出现在接待大厅内。当第一顺位销售顾问接待客户时,其他顺位销售顾问依次及时上前递补。值班人员位置和顺位示意如图5-7所示。

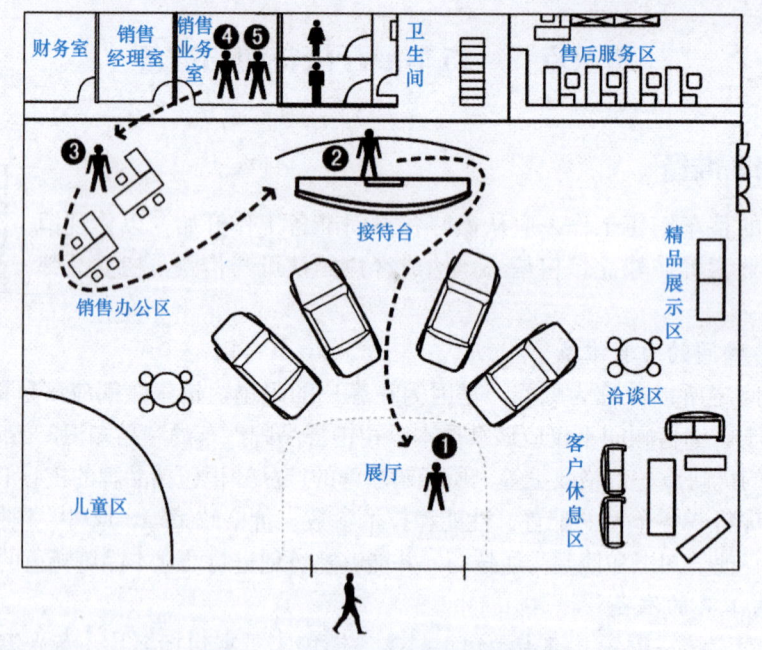

图5-7 值班人员位置和顺位示意

二、展厅硬件准备

整车展厅的主要功能在于展示品牌形象、接待客户、销售新车并向客户提供满意的体验。

(1)展示品牌形象。作为品牌汽车特许专营的一种业务模式,汽车4S专卖店要按照品牌汽车厂家的要求实施一体化经营。品牌汽车厂家对经销商销售展厅要求采用标准化、系列化的建筑风格和统一、标准化的标识系统。其建筑形式及内外所有的CI形象均应严格按照厂家的要求进行装饰和布置。

（2）展示销售的车辆。展车陈列应选择各款车的代表车型、上市的车型进行展示，车的颜色应适当合理搭配。

（3）接待客户，给客户提供满意的体验。每个汽车展厅都应设计安排参观路线，展车既可看外观，又可供客户触摸以仔细了解车辆的特性；提供每辆展车的详细介绍，包括厂家提供的资料和媒体评论。商务洽谈区的位置不能离展车太远，因为客户总希望离展车越近越好，抬头就能瞧见。精品展示区、销售办公区、客户休息区、儿童游乐区、卫生间等均应精心布置；绿色植物、背景音乐、空调、饮料也是优化调节展示氛围的因素。

（4）销售展厅的管理。销售展厅管理的内容包括展厅外部管理和展厅内部管理，如图 5-8 所示。销售展厅管理应设立标准，这样不但能延长设施的使用期，还能提升销售顾问的工作士气，进而提高客户满意度，增加销售成功的机会。销售展厅管理可以参照"整理、整顿、清洁、清扫、素养、安全"的 6S 标准，勤于维护和管理，从而达到形象展示、建立客户信心和促进销售等多重目标。

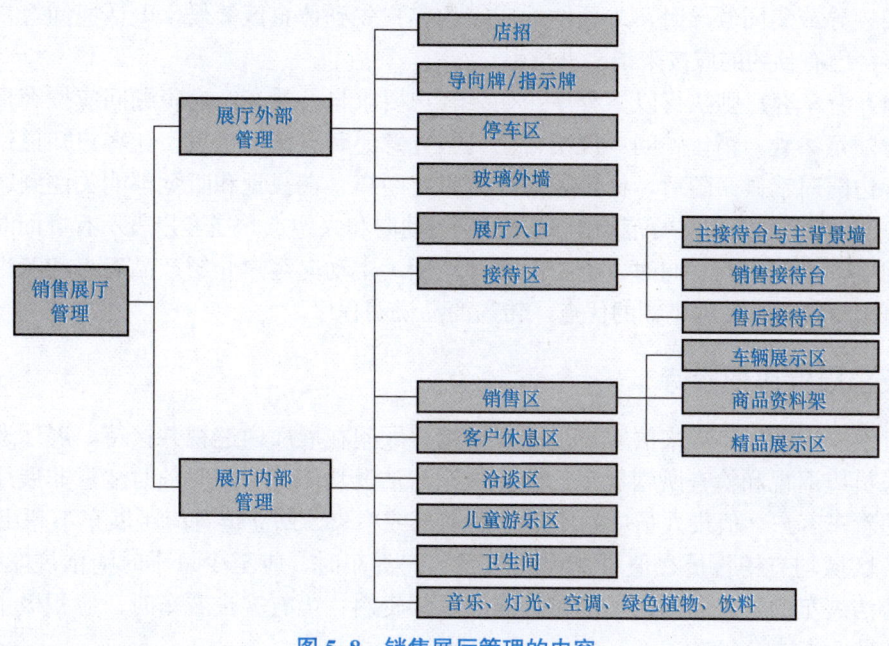

图 5-8　销售展厅管理的内容

知识点二　汽车展厅接待流程

销售顾问应在第一时间与客户相识，并取得客户的信赖。

一、客户到店引导

专业的到店引导能给客户留下良好的第一印象。

首先，经销商的保安人员身着标准制服，对所有来店客户均敬礼致意并询问来意。如客户开车前来，保安人员应主动引导客户进入客户停车场。客户停好车后，保安人员或销售顾问应快步上前，为客户打开车门并热情问候。如果遇上下雨天，保安人员或销售顾问应主动为客户打伞，送到展厅门口。

销售顾问迎接客户，应当使客户感到宾至如归。如发现客户到来，销售顾问应小跑到展厅门外或停车场迎接，点头微笑，热情迎接客户。

二、询问客户的来访目的

引导客户进入展厅后，销售顾问应第一时间递上名片，进行自我介绍，礼貌地询问客户的称谓和来意。如果客户有同伴，销售顾问应与每位同伴打招呼，避免冷落对方。

（1）售后维修保养或理赔客户，指引、带领到售后前台。

（2）精品部客户则指引至精品超市。

（3）办理其他业务（如找指定人员、部门）则按客户需求指引；例如，当客户拜访公司领导或集团领导时，未预约的应带领客户先到休息区等候，电话通知客户所找的领导；已有预约的应按来访要求指引。

（4）看车客户则执行以下程序：如果客户要求自行看车，销售顾问应按客户意愿请客户随意参观。销售顾问应说明自己的服务意愿和等候的位置，让客户知道销售顾问在旁边随时恭候。随后，销售顾问保持一定距离（在视觉和听觉都能关注到客户的距离），在客户目光所及的范围内关注客户的动向和兴趣点。当客户表示有疑问时，销售顾问主动上前询问。同时，应扩大答疑范围，主动向客户介绍产品卖点和特性，旁引竞争车型说明本品牌车辆的优点，转入商品说明程序。

三、展厅巡视接待

对于非展厅门口进来的客户，应安排销售顾问在展厅内巡视并接待。展厅巡视的值班人员应巡视和检查所辖展车，确保展车清洁及功能正常，并随时注意非展厅门口进入的看车客户。值班人员应站于展厅的前部或中央，站立位置应距展车不超出 1 m，保证各区域均有销售员在值班巡视。当无客户看车时，应至少每小时清洁展车一次，随时清洁展车的外表和内饰，随时补充展示架资料；当有客户看车时，应积极主动招呼，并进一步接待介绍。

四、客户愿意交谈时

销售顾问应第一时间奉上免费饮料、茶水。请客户入座，客户入座后销售顾问方可入座。当客户愿意交谈时，销售顾问应先从礼貌寒暄开始，回应客户提出的话题，认真倾听，不打断客户谈话。同时，应扩大说话面，给客户机会引导对话方向。

销售顾问应抓住时机转入需求分析流程、签单流程。如未现场成交，转入潜在用户跟进流程。在客户离开之前，确认已留下其信息。如果客户犹豫，应尽量消除其戒心，争取留下有效信息。

五、客户离开时

当客户离开时，销售顾问应放下手中其他事务，送客户到展厅门外，再次递上名片，如雨天则为客户打伞。同时，感谢客户光临，并诚恳邀请其再次惠顾。销售顾问应目送客户离开，直至客户走出视线范围；或站立在客户车辆后视镜范围内，让客户体验到你在目送他（她）。客户离开后，销售顾问应回到展厅登记来店客户信息。

小贴士

5S 现场管理法

5S 现场管理法属于现代企业管理模式，5S 即整理（Seiri）、整顿（Seiton）、清扫（Seiso）、清洁（Seiketsu）、素养（Shitsuke），又被称为"五常法则"。

5S 起源于日本，是指在生产现场中对人员、机器、材料、方法等生产要素进行有效的管理。1955 年，日本的 5S 宣传口号为"安全始于整理，终于整理整顿"。当时只推行了前两个 S，其目的仅为确保作业空间的充足和安全。到了 1986 年，日本的 5S 著作逐渐问世，从而对整个现场管理模式起到了冲击作用，并由此掀起了 5S 的热潮。

日本企业将 5S 运动作为管理工作的基础，推行质量管理办法，产品品质得以迅速地提升，奠定了经济大国的地位。而在丰田公司的倡导推行下，5S 在塑造企业的形象、降低成本、准时交货、安全生产、高度标准化、创造令人心旷神怡的工作场所、现场改善等方面发挥了巨大作用，逐渐被各国的管理界所认识。5S 广泛应用于制造业、服务业，改善现场环境，优化员工的思维方法，使企业能有效地迈向全面质量管理。根据企业进一步发展的需要，有的企业在 5S 的基础上增加了安全（Safety），形成了"6S"；有的企业甚至推行"12S"，但是万变不离其宗，都是从"5S"里衍生出来的。

任务实施

实施步骤：学生每 4～6 人为一组，每组选出一名组长，负责协调组内成员的工作。每组需完成以下任务。

（1）认真研读教师提供的案例情景。
（2）根据案例情景来讨论设计接待话术。
（3）小组内派代表完成整个接待流程的模拟演练。
（4）填写任务工单（表 5-3），总结实训经验和收获。

表5-3 任务工单

任务：汽车展厅接待		实训时长：40 min	
组名	班级	学号	
实训日期	教师	评分	
实训内容　汽车展厅接待情景演练——如何与客户寒暄			

案例情景：
有一天，一位女客户进了极氪的展厅，围着极氪001绕了两圈，销售顾问笑着迎了上去，说："您一进门，我的眼睛就离不开您了，您的穿衣打扮特别有风格，特别有品位，有机会的话想跟您多请教。"女客户和这位销售顾问就衣品妆容谈了20多分钟，后来谈到车了，这位客户对极氪001的内饰颜色有些不太满意。由于销售顾问和这个客户前期建立了融洽的气氛，后来那个销售顾问又和客户沟通了几次，客户还是很爽快地订了车

讨论内容：
1. 案例启示，我的开场白：

2. 店内接待话术：

总结实训经验和收获：

任务考核/评价

评价表见表 5-4。

表 5-4 评价表

评分项	评分子项目	评分细则	自我评价	小组评价	教师评价
纪律 （5分）	1. 不迟到； 2. 不早退； 3. 学习用品准备齐全； 4. 积极参与课程问题思考和回答； 5. 积极参与教学活动	未完成1项扣1分，扣分不得超过5分			
职业素养 （15分）	1. 积极与他人合作； 2. 积极帮助他人； 3. 遵守礼仪礼节； 4. 做事态度严谨认真； 5. 具备劳动精神，能主动做到场地的6S管理	未完成1项扣5分，扣分不得超过15分			
专业技能 （40分）	1. 能够熟悉展厅接待的工作流程； 2. 能够做好展厅接待工作； 3. 能够根据客户的情景完成展厅接待； 4. 能够在接待演练过程中保持标准礼仪	未完成1项扣10分，扣分不得超过40分			
工具及设备的使用 （20分）	1. 能够合理使用汽车销售工作包中的名片、笔、展车资料等工具； 2. 能够在接待中使用托盘、水杯等工具	未完成1项扣10分，扣分不得超过20分			
任务工单填写 （20分）	1. 字迹清晰； 2. 语句通顺； 3. 无错别字； 4. 无涂改； 5. 无抄袭； 6. 内容完整； 7. 回答准确； 8. 有独到的见解	未完成1项扣5分，扣分不得超过20分			

模块六
汽车产品体验

模块介绍

在中国连续多年荣登汽车产销量世界第一宝座的背景下,国内外各大汽车品牌纷纷使出浑身解数来抢占市场份额。我国市场上汽车产品之丰富,竞争之激烈冠绝全球。如何满足客户的需求,提升客户对汽车产品的体验至关重要。

任务一 需求分析

任务描述

在一个竞争激烈的买方市场,销售顾问面对每一个客户时,都将面对来自不同汽车品牌和同一汽车品牌不同销售服务店之间的竞争。"得客户者得天下"已成为经销商和销售顾问的共识。谁能抓住客户消费的痛点,满足客户需求,谁就能在竞争中立于不败之地。

任务目标

1. 了解购买动机和冰山理论。
2. 熟练掌握需求分析的技巧。
3. 具备与客户进行和善、规范、真诚交流的能力。

任务分析

要完成本学习任务，可以按照以下流程进行。
1. 进行提问和倾听练习。
2. 进一步分析客户购车的需求。
3. 对需求分析遇到的各种情形进行讨论。

完成本学习任务需要准备的工作场景和设备如下。
1. 汽车销售工作包，内含汽车客户资料卡、名片、笔、便笺纸、平板电脑（如有）等。
2. 展车和产品宣传资料。
3. 其他需要用到的工具。

完成本任务所需的知识详见后续相关知识中的各知识点。

相关知识

知识点一　购买动机和冰山理论

销售的三要素是信心、需求和购买力。充分了解客户的需求，促进客户作出购买决策至关重要。汽车是交通工具，但大部分客户购买汽车不仅是因为需要一个交通工具，在其背后往往还隐藏着许多更加重要和实际的需求。这些购买动机有显性的，也有隐性的，有时候甚至客户本人都未必能准确意识到自己究竟想要的是什么。

汽车需求分析

冰山理论是维琴尼亚·萨提亚（Virginia Satir）家庭治疗中的重要理论，萨提亚用了一个非常形象的比喻：一个人的自我就像一座漂浮在水面上的巨大冰山，能够被外界看到的行为表现或应对方式，只是露在水面上很小的一部分，另外的大部分藏在水底。而暗涌在水面之下更大的山体，是长期压抑并被我们忽略的"内在"，包括感受、观点、期待、渴望、自我等。揭开冰山的秘密，人们会看到生命中的渴望、期待、观点和感受，看到真正的自我。

而需求分析也完全适用于冰山理论。水面以上的部分是客户自己知道并能明确表达的显性需求，水面以下的部分就是隐性需求，有的客户可能自己也搞不清楚。分析客户需求正是销售顾问如何透过现象看到本质，发现并解决客户问题的过程。

客户需求也可分为理性需求和感性需求。理性需求包括求实动机（产品的实用价值）、求新动机（产品的新潮、奇异）、求优动机（产品的质量性能优良）、求名动机（看重产品的品牌）、求廉动机（喜欢买低价的产品）、求简动机（要求产品使用程序简单、产品购买过程简单）等；感性需求包括求美动机（从美学角度选择产品）、嗜好动机（满足特殊爱好）、攀比动机（对地位的要求、争强好胜心理）等。

知识点二　需求分析的技巧

过去，销售只是卖出货物或服务来换取报酬；现在，销售是在满足客户需求的基础上进行的，根据客户需求，提供货物及服务换取应得的报酬。只有在了解客户需求的基础上，为客户提供专业的咨询，满足客户需求，才能达成商家与客户双赢的目标，使客户成为品牌的忠诚者。

客户在表达自身需求时，一般乐于表达理性动机，但感性动机不然。除非销售顾问与客户建立信任，否则客户很难敞开心扉。建立客户信任，让客户进入舒适区，消除客户疑虑，是销售顾问接待客户的关键因素。需求分析归根结底就是通过适当地提问，鼓励客户发言，使客户感觉到"被尊重"，从而充分自主地表达他/她的需求。

分析客户需求的核心技巧是提问和积极倾听。

一、提问

提问的目的在于引导话题，获取并确认信息，表示兴趣和澄清误会。

1. 寻求客户认同

销售顾问在提问过程中首先应该寻求客户认同。获得一个陌生人的喜欢不是一件容易的事情。尽管每一个人喜欢他人的标准是不同的，但根据心理学家的研究，以及对社会行为的分析，还是可以找到一些普遍的规律。

（1）人们通常会喜欢与自己有类似背景的人。
（2）人们通常会喜欢与自己行为举止、观点、看法、价值观类似的人。
（3）人们通常喜欢衣着与自己类似的人。
（4）人们通常喜欢真正关心他们应得利益的人。
（5）人们通常喜欢比较示弱的人。
（6）人们通常喜欢带给他们好消息的人。
（7）人们通常喜欢赞扬他们的人。
（8）人们通常喜欢那些表达了喜欢他们的人。

2. 封闭式提问和开放式提问

（1）封闭式提问主要用来引导谈话的主题，由提问者选定特定话题，希望对方的回答处于限定的范围。封闭式提问经常体现在"能不能""对吗""是不是""会不会""多久"等疑问词之间。销售顾问在首次与客户沟通后，必须可以回答以下 20 个问题。

1）客户现在是否在驾驶其他品牌的车辆？
2）客户是通过什么途径了解到本品牌的？
3）客户对本公司的车了解多少？
4）客户对其他公司的车了解多少？
5）客户周围的朋友是否有驾驶本公司的车辆？
6）客户是否知道本公司车辆的长久价值？

7）客户是否清楚汽车质量问题可能导致的严重后果？
8）客户是否知道售后服务对汽车产品的意义？
9）客户及其同伴中谁对采购决策具有影响力？
10）采购决策的人数是多少？
11）客户的学历状况如何？
12）客户平常浏览的网络、报纸、杂志、图书的情况如何？
13）客户的个人成就如何？
14）客户对自己企业或个人的评价或感觉如何？
15）客户从事商业活动的时间有多长？
16）客户过去的哪些经历是他们得意和自豪的？
17）客户如何评价汽车行业？客户认为汽车行业发展趋势如何？
18）客户周围的人对他的评价和认知如何？
19）是否认识到客户的价值观、商业观？
20）客户平时是否经常会做重要的决定？
（2）开放式提问的目的是用来收集信息，常见问题如下，可概括为5W2H。
1）谁（Who）：谁购买这辆车？
2）何时（When）：何时需要新车？
3）什么（What）：购车的主要用途是什么？对车辆哪些方面感兴趣？
4）预算多少（How Much）：想买什么价位的车？
5）为什么（Why）：为什么要选购？
6）哪里（Where）：从哪里获得产品信息的？客户从哪里来？
7）怎么样（How）：认为我们的车怎么样？

二、倾听

倾听的最高层次是积极倾听。要做到积极倾听，销售顾问需要做到站在客户的立场倾听，保持愉快的交谈环境；不要随意打断客户讲话，给予客户适当的鼓励和恭维；努力记住客户的话，勤记笔记。

在倾听的同时，销售顾问应做到积极探查，可以应用以下方法。

展开法："您可以进一步谈谈您对发动机性能的看法吗？"
反射法："哦。""是吗？""我了解了。"（短答，表示在认真倾听）。
重复法："就是说您认为必须是四轮驱动的，对吗。"
总结法："好，您对车的要求是外观时尚，动力强劲又省油。您还有其他要求吗？"

三、需求分析的顺序

掌握了提问和倾听的技巧，提问的顺序也至关重要。销售顾问需要循序渐进，掌握客户购车的心理，通过合适的提问，慢慢引导客户表达对汽车产品的具体需求。需求分析的顺序按照过去、现在和将来展开，逐步明确客户基本特征、客户使用特征、客户所需的产品特征和客户购买特征，如图6-1所示。

汽车营销实务

```
客户基本特征 → 客户使用特征 → 产品特征 → 客户购买特征
```

- 客户背景
- 客户所处环境

- 客户买车原因
- 客户买车用途
- 客户买车期望

- 客户需要的车
  - 车型
  - 发动机排量
  - 内饰
  - 配置
  - 颜色

- 客户的购买渠道
- 客户如何购买
- 客户的购买时间

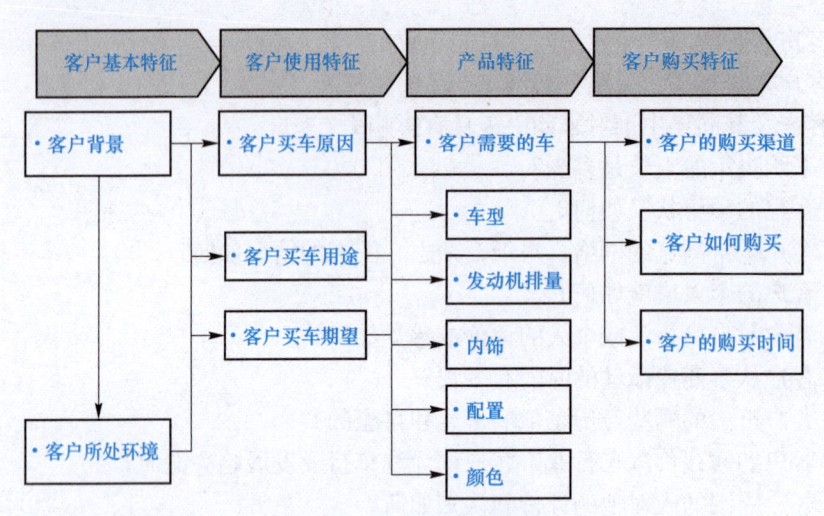

图 6-1 需求分析的顺序

任务实施

实施步骤：学生每 5～6 人为一组，每组选出一名组长，负责协调组内成员的工作。每组需完成以下任务。

（1）认真研读教师提供的材料。
（2）根据材料要求对汽车需求分析话术进行整理归纳。
（3）研讨问题。
（4）小组内派代表汇报。
（5）填写任务工单（表 6-1），总结实训经验和收获。

表 6-1 任务工单

任务：需求分析话术演练		实训时长：40 min	
组名	班级		学号
实训日期	教师		评分
实训内容	集合案例对汽车销售需求分析话术进行演练		

案例一：MPV 和敞篷跑车

销售顾问小戴接待了一位 50 多岁的女性客户。客户李阿姨表示，自己的儿子成家不久，儿媳妇已经怀孕了。考虑到一家人的用车需要，想置换一辆七座的中型 MPV。在交谈的过程中，李阿姨感慨道："儿子成家立业，我的任务也算完成了。"小戴听了很有感触。经过一段时间的沟通，李阿姨最后放弃了置换的计划，买了一辆两门敞篷跑车。

要求：（1）请学生以小组为单位，结合该案例，按客户基本特征、客户使用特征、产品特征、客户购买特征四个维度，讨论并总结购车需求分析话术（每组 3 种话术以上），并填写在任务工单内。

（2）准备好小组的汇报。

续表

客户基本特征	客户背景： 1. 2. 3. 客户所处环境： 1. 2. 3.
客户使用特征	客户买车原因： 1. 2. 3. 客户买车用途： 1. 2. 3. 客户买车期望： 1. 2. 3.
产品特征	客户需要的车（车型、发动机排量、内饰、配置、颜色）： 1. 2. 3. 4. 5. 6.
客户购买特征	客户购买渠道： 1. 2. 3. 客户如何购买： 1. 2. 3. 客户的购买时间： 1. 2. 3.

续表

案例二：小王的困境
小张今年大学毕业，找了一份不错的工作，就是离家的距离有20多千米，通勤比较辛苦。小张的父母心疼儿子，想买一辆车送给他作为毕业礼物。小张来到4S专卖店看车，与年龄相仿的销售顾问小王相谈甚欢，基本定下来要买哪一款车了。次日，小张带父母来看车。小张的父母与小王交谈了没多久，就陷入了冷场。张爸爸和张妈妈明显对小张中意的车辆很不满意。小张用求助的眼神看向小王。这时候，小王该怎么办呢？ 1. 讨论：销售顾问小王为何会陷入困境？他该如何摆脱困境？ 2. 总结销售顾问小王与小张一家进行购车需求分析的话术。 3. 小组总结，每组派一名代表汇报
需求分析话术

任务考核/评价

评价表见表6-2。

表6-2 评价表

评分项	评分子项目	评分细则	自我评价	小组评价	教师评价
纪律 （5分）	1. 不迟到； 2. 不早退； 3. 学习用品准备齐全； 4. 积极参与课程问题思考和回答； 5. 积极参与教学活动	未完成1项扣1分，扣分不得超过5分			
职业素养 （15分）	1. 积极与他人合作； 2. 积极帮助他人； 3. 遵守礼仪礼节； 4. 做事态度严谨认真； 5. 具备劳动精神，能主动做到场地的6S管理	未完成1项扣5分，扣分不得超过15分			
专业技能 （40分）	1. 需求分析过程中使用正确的礼仪； 2. 正确使用提问方式（开放式和封闭式提问）； 3. 正确记录客户诉求； 4. 开放式提问应覆盖5W2H； 5. 适时推荐二手车置换业务； 6. 适时推荐购车金融方案； 7. 能对客户进行赞美； 8. 应总结客户的购车需求，并向客户推荐一款合适的产品	未完成1项扣5分，扣分不得超过40分			

续表

评分项	评分子项目	评分细则	自我评价	小组评价	教师评价
工具及设备的使用（20分）	1. 能正确使用销售工具包中的工具； 2. 能正确使用展车和产品宣传资料	未完成1项扣10分，扣分不得超过20分			
任务工单填写（20分）	1. 字迹清晰； 2. 语句通顺； 3. 无错别字； 4. 无涂改； 5. 无抄袭； 6. 内容完整； 7. 回答准确； 8. 有独到的见解	未完成1项扣5分，扣分不得超过20分			

任务二

绕车介绍

任务描述

汽车是一种复杂的产品，且每位客户对车辆性能关注的点是不同的。销售顾问需要能够结合客户的需求，通过静态和动态展示，有针对性地向客户介绍汽车产品的特点，使客户得到良好的汽车产品体验。

任务目标

1. 掌握车辆静态展示的要领。
2. 熟练掌握FABE（特征、优势、利益、证据）产品介绍法。
3. 熟练掌握乘用车六方位介绍法。

任务分析

要完成本学习任务，可以按照以下流程进行。
1. 进行FABE产品介绍法练习。
2. 按车辆各方位讲解产品性能亮点，并总结车辆介绍话术。
3. 结合案例，分组讨论，完善车辆介绍话术，并进行六方法绕车介绍演练。

完成本学习任务需要准备的工作场景和设备如下。

1. 汽车销售工作包，内含汽车客户资料卡、名片、笔、便笺纸、平板电脑（如有）等。

2. 展车和产品宣传资料。

3. 其他需要用到的工具。

完成本任务所需的知识详见后续相关知识中的各知识点。

相关知识

知识点一　车辆静态展示

汽车销售展厅是静态展示车辆的最佳场所。展厅样车应按照表6-3所示标准进行展示，以确保展车外观整洁明亮、车内舒适整洁、驾驶室空间最大化、方便进行静态功能演示，并防止车辆因误操作发生危险。

表6-3　展厅样车的展示标准

● 展车外表光洁明亮，轮胎上蜡且轮毂盖罩标志放正，车辆前后放置车型铭牌
● 展车两前门车窗玻璃打开，两后门玻璃关闭，有天窗的应将天窗打开
● 拆除展车内座椅、遮阳板等全部保护膜
● 方向盘调整至最高位置，座椅的高度调整到最低的水平
● 驾驶座和副驾驶座适量后移
● 座椅头枕调至最低位置，前排座椅应调整至距离后排座椅坐垫前沿30 cm，座椅靠背维持在105°。驾驶座和副驾驶座的位置及靠背角度保持一致
● 展车不要上锁，车钥匙应集中统一保管，不要留在车上，但车钥匙应可随时取放
● 展车铺上专用脚垫并每日清理
● 设定展车音响和时钟，准备不同音乐风格的CD数张
● 保持前挡风玻璃与下方塑料件结合部位无灰尘
● 后备箱内部保持清洁，随车物品摆放整齐
● 保持展车内侧置物箱及所有储物空间内无杂物
● 发动机舱内部保持清洁，无灰尘、无油渍
● 收音机电台选择当地流量最大的交通电台
● 准备好不同风格的CD，或准备好多种风格的电子乐曲
● 确保蓄电池有电
● 所有轮胎前后均应放置停车楔（重要！！！）

知识点二　六方位绕车介绍法与 FABE 产品介绍法

一辆汽车的配置何止成百上千，销售顾问可向客户介绍的内容很多，但是往往销售顾问只有不到 15 min 来为客户介绍车辆的特性和配置。因此，如何针对客户真正的关注点进行车辆介绍就非常重要了。对于销售顾问来说，除需要掌握产品知识、充分了解产品的特性以外，还需要掌握一定的技巧。唯有如此，介绍的时候才能针对客户的需求，给客户留下深刻的印象，提高成交率。

销售顾问应主动邀请客户听取车辆介绍，先说明车辆介绍的过程和所需时间，征得客户同意后再进行车辆介绍。在介绍的过程中，应充分运用六方位绕车介绍法及 FABE 产品介绍法。

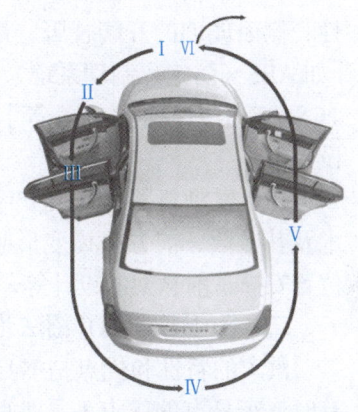

一、六方位绕车介绍法

六方位绕车介绍法是一种系统有效的销售工具，可以帮助销售顾问和客户全方位了解车型的产品知识，短时间内掌握车型的特色。奔驰汽车公司最先运用六方位绕车介绍法向客户销售汽车。后来，日本丰田汽车公司的雷克萨斯汽车也采用了这种销售方法，并发扬光大。六方位绕车介绍法通常用于乘用车产品介绍。

六方位绕车介绍法的顺序如图 6-2 所示。每个方位的介绍重点如下：Ⅰ 车前方：侧重品牌理念、车辆外形、整车风格；Ⅱ 驾驶室：侧重操控性、安全性、便利性；Ⅲ 车后座：讲解舒适性、安全性、便利性；Ⅳ 车后方：讲解造型、空间、安全性；Ⅴ 车侧方：侧重造型、操控性、安全性；Ⅵ 发动机舱：重点讲解动力性、安全性、舒适性。当然，六方位绕车不是死板僵化的，不同的客户关注的点也不同，见表 6-4。

图 6-2　六方位绕车介绍法的顺序

表 6-4　不同类型的客户对车辆的关注重点

客户类型	关注内容
女性客户	女性客户关注的是汽车的安全、颜色、操作便捷性、大存储的空间、时尚的外观造型、内饰、优惠的价格
男性客户	男性客户关注的是汽车刚毅的造型、功率、速度、越野、转向
工薪阶层	工薪阶层关注的是汽车的价格、油耗、维修费用、实用性
白领阶层	白领阶层关注的是汽车的造型、色彩、新概念、价格
成功人士	成功人士关注的是汽车的豪华、舒适、加速性能、越野性能
熟悉汽车的客户	熟悉汽车的客户关注的是汽车的发动机功率、扭矩、气门数量、新技术
不熟悉汽车的客户	不熟悉汽车的客户关注的是汽车的外观、内饰、仪表盘、大灯造型

在绕车介绍过程中，各方位配置各有侧重点，主要内容如下。

（1）车前方：主要介绍车辆整体造型与设计风格、品牌文化与标志、前车灯、前保险杠、前进气格栅、前风窗玻璃、雨刮设备、车身尺寸等。

（2）驾驶室：主要介绍驾驶室的乘坐空间、视野、腿部空间；座椅的质量及其多向调节的控制；安全气囊及安全带；转向盘的控制；音响、空调、车门窗的控制；灯光、雨刮、喇叭的操作；制动系统的介绍；变速器换挡的操作；仪表盘的设计等。

（3）车后座：主要介绍前后排乘坐的空间大小；乘坐的舒适度、视野；内饰的做工质量、颜色；车内储物空间的数量及大小；空调出风口的设计；座椅的折叠程度；车内外后视镜的位置及视野；车身尺寸等。

（4）车后方：主要介绍车辆尾部造型的设计；后门开启的方便性；存放物体的容积大小；后风窗玻璃的大小及造型；汽车的扰流板（尾翼）；尾灯的造型设计；尾灯的安全特性；备胎的位置设计；后部的安全性设计等。

（5）车侧方：主要介绍车架的设计、轴距、车身长度、车门的设计、侧面的安全性、侧面玻璃的开阔视野、最小离地间隙、轮胎、制动系统、所搭载的主动安全设备[如 ABS（防抱死制动系统）、EBD（电子制动力分配系统）、ESP（车身电子稳定系统）、TCS（牵引力控制系统）等]、后悬架系统、车身漆面的质量、车身密封性、门把手的设计等。

（6）发动机舱：主要介绍发动机舱的布局、静音设计、发动机和变速器的先进技术及其参数、前方碰撞变形吸能区、排气环节、添加机油等液体的容器及其加注口的位置安排、前悬架的设计等。

二、FABE产品介绍法（也称四段论介绍法）

汽车的特性和优点是本身所固有的，而利益是相对的。因为客户的购买动机不同，有时汽车具有的优点不是某些客户所必需的。因此，即使一辆汽车有再好的特性和优点，也不一定是客户的利益所在。反过来说，能满足客户需求的特性和优点对于客户来说才具有价值。产品说明的目的就是把产品的特性转换成客户的特殊利益，用汽车的特殊利益来打动客户。因此，在绕车介绍时，一般采用FABE产品介绍法来组织话术。

FABE产品介绍法就是将产品的特征和配置（Feature）表述清楚，并加以解释、说明，从而引出它的优势（Advantage）及可以带给客户的利益（Benefit），并适时地展示足以让客户置信的证据（Evidence），进而使客户产生购买欲望。

三、商用车绕车介绍方法

与乘用车不同，商用车（图6-3）由于其产品的特点，可以从车前方、车右侧、车左侧和驾驶室这四个方位进行介绍，介绍配置要点如下。

（1）车前方：主要介绍车辆品牌标志、车辆造型变化、保险杠、前部灯光（夜间行车安全、灯光强度等）、前挡风玻璃等。

（2）车右侧：主要介绍发动机、变速箱、涡轮增压器、动力系统、驾驶室液压翻转、油箱等。

（3）车左侧：主要介绍货厢形式、货厢下方、车厢材质、功能、尺寸、悬架、车架结构、承载吨位、后桥等。

（4）驾驶室：主要介绍行车视野、车内空间、内饰、仪表、卧铺、操纵性能、舒适性能、座椅、车门扶手、上下踏板、方向盘、油门踏板、脚歇踏板等。

图 6-3　商用车产品示意

在进行车辆介绍时，销售顾问应随身携带车型资料和荧光笔，在资料上圈示客户关注的配置，并交由客户离开时带走。

销售顾问可充分利用 POP、易拉宝、媒体有利报道及专业杂志等展厅道具，做进一步产品说明及竞品比较，深化产品印象，强化产品优势，建立客户对车辆的信心，促进销售。

任务实施

实施步骤：学生每 5～6 人为一组，每组选出一名组长，负责协调组内成员的工作。每组需完成以下任务。

（1）认真研读教师提供的材料。
（2）根据材料要求对车辆六方位绕车介绍话术进行整理归纳。
（3）研讨问题。
（4）小组内派代表汇报。
（5）填写任务工单（表 6-5），总结实训经验和收获。

表 6-5 任务工单

任务：车辆六方位绕车介绍话术演练		实训时长：40 min	
组名		班级		学号	
实训日期		教师		评分	
实训内容 FABE 话术、六方位绕车介绍演练			

各小组分别围绕一款传统燃油汽车和一款纯电动汽车，充分讨论车辆每个方位应介绍的配置，并总结 FABE 话术。专业教师对各小组及组员的讨论过程进行适当指导，各小组成员进行讨论，完成任务工单。每组派一名代表汇报

讨论内容：
1. 请用 FABE 产品介绍法写出以下配置的介绍话术：
（1）儿童安全锁：

（2）矩阵式大灯：

（3）高位刹车灯：

（4）4/6 分割可翻折座椅：

（5）电动随速助力转向：

（6）LCC 车道辅助巡航：

（7）胎压监测：

续表

（8）智能雨刮：

（9）AEB 主动刹车系统：

（10）全景天窗：

2．总结传统燃油汽车产品介绍的 FABE 话术，每个方位至少总结三条。
（1）

（2）

（3）

（4）

（5）

（6）

续表

3. 纯电动汽车在六个方位上应向客户重点讲解哪些配置？与传统燃油车相比有何优势？

4. 总结纯电动汽车产品介绍的FABE话术，每个方位至少总结三条。
（1）

（2）

（3）

（4）

（5）

（6）

5. 请选定一款最近一年内上市的传统燃油乘用车，编写六方位绕车脚本。

总结实训经验和收获：

任务考核/评价

评价表见表 6-6。

表 6-6 评价表

评分项	评分子项目	评分细则	自我评价	小组评价	教师评价
纪律 （5分）	1. 不迟到； 2. 不早退； 3. 学习用品准备齐全； 4. 积极参与课程问题思考和回答； 5. 积极参与教学活动	未完成1项扣1分，扣分不得超过5分			
职业素养 （15分）	1. 积极与他人合作； 2. 积极帮助他人； 3. 遵守礼仪礼节； 4. 做事态度严谨认真； 5. 具备劳动精神，能主动做到场地的6S管理	未完成1项扣5分，扣分不得超过15分			
专业技能 （40分）	1. 在绕车介绍过程中使用正确的礼仪； 2. 正确使用FABE话术； 3. 正确回应客户的提问； 4. 绕车介绍覆盖六个方位； 5. 能针对竞品进行本品牌产品介绍； 6. 客户有多人时，绕车介绍应兼顾所有客户； 7. 能对客户进行赞美； 8. 应总结车辆的优势性能，强调能满足客户的需求	未完成1项扣5分，扣分不得超过40分			
工具及设备的使用 （20分）	1. 能正确使用销售工具包中的工具； 2. 能正确使用展车和产品宣传资料	未完成1项扣10分，扣分不得超过20分			
任务工单填写 （20分）	1. 字迹清晰； 2. 语句通顺； 3. 无错别字； 4. 无涂改； 5. 无抄袭； 6. 内容完整； 7. 回答准确； 8. 有独到的见解	未完成1项扣5分，扣分不得超过20分			

任务三
试乘、试驾

任务描述

汽车是流动的风景,试乘、试驾是向客户动态展示车辆性能的重要手段。销售顾问应了解试乘、试驾的作用和试乘、试驾路线设计要求;掌握试乘、试驾的流程,能用专业术语邀请客户进行试乘、试驾;为客户办理试乘、试驾手续,陪同客户安全完成试乘、试驾体验,并引导客户对车辆的动态展示进行评价。

任务目标

1. 了解车辆动态展示的要点。
2. 熟练掌握试乘、试驾的流程。

任务分析

要完成本学习任务,可以按照以下流程进行。
1. 重点学习车辆动态展示性能。
2. 讨论遵守规范试乘、试驾流程的必要性。
3. 讨论总结试乘、试驾全流程的话术。
完成本学习任务需要准备的工作场景和设备如下。
1. 汽车销售工作包,内含试乘、试驾协议书,试乘、试驾意见反馈表,名片,笔,便笺纸,平板电脑(如有)等。
2. 试乘、试驾路线看板。
3. 其他需要用到的工具。
完成本任务所需的知识详见后续相关知识中的各知识点。

相关知识

知识点一　车辆动态展示

试乘、试驾是产品说明的延伸,是对车辆的动态展示,可以让客户通过切身体会和驾乘感受,感性地了解车辆相关性能,加深对销售顾问口头说明的认同,强化其购买信心。

一、试乘、试驾的作用

试乘、试驾从第一次购车客户的角度出发，改变了销售过程中客户听销售顾问"讲得多"、自己亲自"感受少"的情况，变"静态产品介绍"为"动态驾乘体验"，并借助专业的工具，协助购车客户明确选择一辆符合自己需求的"好车"的标准，并在该过程中，使产品特点在客户的亲身体验中得到印证。

试乘、试驾将销售过程中的每一个"小小的一刻"和客户的期望进行了详细分析，协助销售顾问真正了解客户的需求和努力的方向，使销售服务店不断满足和超越客户期望成为可能。

试乘、试驾对于客户而言，是了解车辆特征的最好机会。通过试乘、试驾，让客户体验到"拥有"的感觉，可以激发购买欲望，进而作出购买决定。

二、试乘、试驾路线的设计

汽车销售服务店必须设置带指定标志的专用试乘、试驾车辆，试乘、试驾车辆不能移作他用。在展厅前专门设置试乘、试驾车停放区。

经销商应事先规划好试乘、试驾路线图，避开交通拥挤路段，以保证人车安全。从出发试乘、换手、试驾到回店，一般不超过 30 min。试乘、试驾路线应能凸显车辆的性能优点，可根据店铺周围道路实际情况设计备用试车路线。

一条比较理想的试乘、试驾路线图应该尽量满足以下条件，如图 6-4 所示。

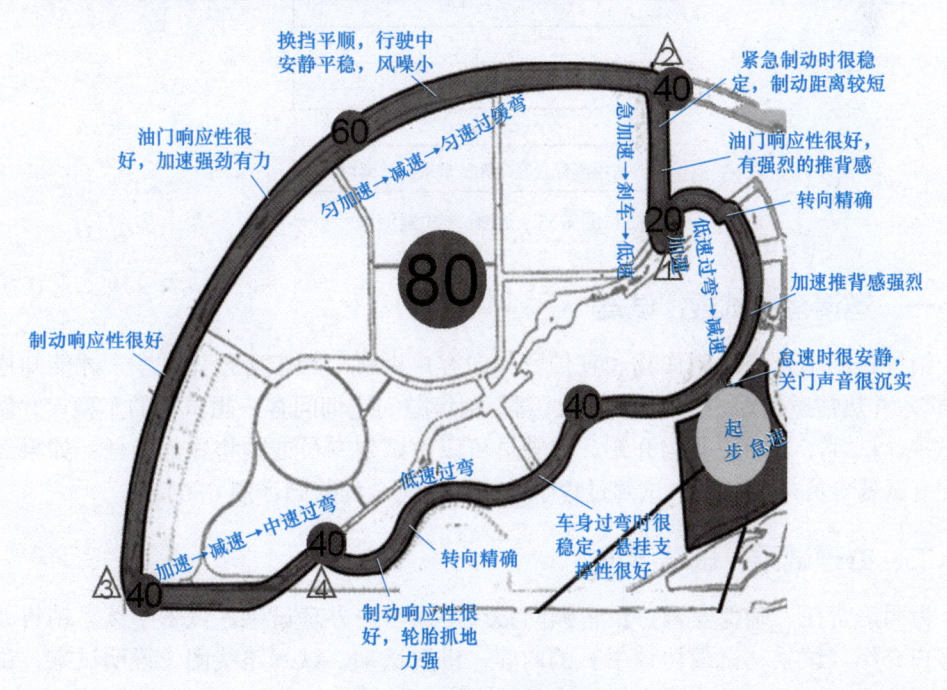

图 6-4　试乘、试驾路线图

（1）至少 100 m 的直线车道。
（2）较直的延续车道，不可有急弯；直线道路长度大于 120 m，确保刹车测试安全性。
（3）各种大小、曲度不同的连续弯道。
另外，路途中应适当选择一部分较粗糙的路面（如碎石小路）。

知识点二　试乘、试驾流程

所有试乘、试驾活动，都要坚持"安全第一"的原则。试乘、试驾有严格的流程，可以最大限度地保证客户、销售顾问和试驾专员的安全和驾乘体验。试乘、试驾流程如图 6-5 所示。

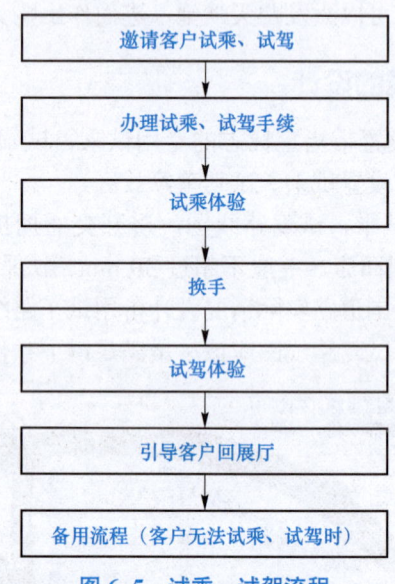

```
邀请客户试乘、试驾
        ↓
办理试乘、试驾手续
        ↓
     试乘体验
        ↓
       换手
        ↓
     试驾体验
        ↓
   引导客户回展厅
        ↓
备用流程（客户无法试乘、试驾时）
```

图 6-5　试乘、试驾流程

一、邀请客户试乘、试驾

销售顾问结合展厅制作物和宣传资料向客户讲解"购车必须先试车，才能知道真价值"，并热情邀请客户参加试乘、试驾。销售顾问应询问客户想试驾的车型，并做现有试乘、试驾车型的说明与介绍。驾驶员可以由试驾专员或销售顾问担任；如果经销店配有试驾专员，在试乘、试驾过程中销售顾问应全程陪同（图 6-6）。

二、办理试乘、试驾手续

为明确责任，确保安全，销售顾问必须协助客户办理试乘、试驾手续。销售顾问向客户介绍《试乘、试驾协议书》的内容，讲解试乘、试驾路线图，说明试乘、试驾所需要的时间、安全驾驶规范及注意事项等。销售顾问应请客户出示驾照并复印存档，与客户签订《试乘、试驾协议书》。

参考话术
"×先生，请协助我们填写《试乘、试驾意见反馈表》，请里面坐！"

参考话术
"您光听我说是体会不到的，建议您还是亲自开车试一下比较好。"

图 6-6　试乘、试驾邀约话术

三、试乘体验

试乘、试驾首先从客户试乘开始。

在盛夏或严冬，销售顾问应在客户上车前打开空调或暖风，预先调整车内温度到合适的程度，让客户一上车就感到凉爽或温暖如春的车内环境。

试乘前，试驾专员或销售顾问帮客户调好座椅，设定好空调和音响，请客户挑选喜欢的 CD，提醒前后排客户均系好安全带。

试驾专员或销售顾问将车开出停车区，在行车过程中务必遵守交通规则，安全驾驶。

试驾专员或销售顾问在试乘过程中进行动态的产品介绍、分析及引导，应根据车辆特性及客户需求，用专业术语描述试乘、试驾的体验重点，内容见表 6-7。

表 6-7　试乘、试驾参考动作及体验内容一览表

试车动作	操作说明	体验重点
静止起步	汽车由一挡或二挡起步，以最大油门加速	强大的动力，感受推背感
超车加速	30～40 km/h 全油门加速行驶至 80 km/h 所需时间	加速的灵敏性及持续的动力
转弯	时速 30 km/h 以下的弯道驾驶	过弯时的车身及乘坐稳定性
高速稳定性	高速直线行驶稳定性（抵抗侧向风及路面不平的干扰能力）或参考对比轮距、底盘技术装备	高速时车身是否漂浮，发动机高转速时的顺畅感
转向响应性/电子装备	在一定车速下转向，感受车辆的循迹性与灵活性，TCS、DSC（动态稳定控制系统）等	转向灵敏度及循迹性，车身稳定性、侧向偏离感及行驶循迹性
制动	在良好的路面上，汽车以 60 km/h 的时速行驶，从制动到停车的距离，介绍说明 ABS、EBD、EBA（电子控制制动辅助系统）等配置	制动力、车身稳定性

四、换手

在确认客户能够熟练操作车辆的前提下，与客户换手，由客户开始试驾体验。换手的过程中应确保客户及车辆的安全。

试驾专员或销售顾问应将车辆停靠在安全地点进行换手，拉好手制动，将车辆熄火，拔下车钥匙，下车邀请客户进入驾驶座。

试驾专员或销售顾问从车前方绕到副驾驶入座，把车钥匙交给客户，协助客户调整驾驶座椅、后视镜、内视镜、方向盘等；简单介绍车辆操作，确认客户已经熟悉该车的操作；再次提醒客户试驾路线及安全驾驶注意事项，请所有客户系上安全带，开始客户试驾。

五、试驾体验

试驾时，试驾专员或销售顾问适当指引路线，引导客户对车辆优势性能进行操作及深入体验，点明体验感觉，凸显车辆优势，加深客户印象。同时应注意倾听客户谈话，观察其表现，发掘客户更多的需求。

如客户有明显的危险驾驶动作或感觉客户对车辆驾驶非常生疏，应及时果断地请客户在安全位置停车，向客户解释强调安全驾驶的重要性，获得客户的谅解。并改试驾专员为试乘，由试驾专员或销售顾问将车开回展厅。

六、引导客户回展厅，进行试驾评价

试驾结束后，引导客户将车辆停放在试乘、试驾车专用停车位，引导客户回展厅洽谈区入座，并提供饮料服务。

销售顾问结合车型资料对试乘、试驾中没有提到的部分进行补充讲解；总结车辆的卖点，点明该车型的优越性；邀请客户填写试乘、试驾评价表。

销售顾问应征询客户意见，确认客户需求，消除客户疑虑，并适时提出签约成交。

任务实施

实施步骤：学生每5～6人为一组，每组选出一名组长，负责协调组内成员的工作。每组需完成以下任务。

（1）认真研读教师提供的材料。
（2）根据材料要求对试乘、试驾话术进行整理归纳。
（3）研讨问题。
（4）小组内派代表汇报。
（5）填写任务工单（表6-8），总结实训经验和收获。

表 6-8　任务工单

任务：试乘、试驾全流程话术演练		实训时长：40 min	
组名	班级	学号	
实训日期	教师	评分	

实训内容　试乘、试驾全流程话术演练

小张今年大学毕业，找了一份不错的工作，就是离家的距离有 20 多千米，通勤比较辛苦。小张的父母心疼儿子，想买一辆车送给小张作为毕业礼物。一家三口来到某 4S 专卖店，想试乘、试驾一下该品牌今年新上市的轿车，车的价位在 15 万元左右。销售顾问小王和试驾专员小丁一起，陪同小张一家三口进行试乘、试驾。要求：

（1）以小组为单位开展讨论，专业教师对各小组及组员的讨论过程进行适当指导，各小组成员将自己的想法填入任务工单。

（2）各小组围绕案例，充分讨论并总结出试乘、试驾各阶段的话术。

（3）各小组派代表进行汇报讲解

讨论内容：

1. 试乘、试驾分为哪几个阶段？为什么要严格遵守规范的试乘、试驾流程？

2. 结合小张一家的购车需求，讨论总结试乘、试驾全流程的话术。

总结实训经验和收获：

任务考核/评价

评价表见表 6-9。

表 6-9 评价表

评分项	评分子项目	评分细则	自我评价	小组评价	教师评价
纪律 （5分）	1. 不迟到； 2. 不早退； 3. 学习用品准备齐全； 4. 积极参与课程问题思考和回答； 5. 积极参与教学活动	未完成1项扣1分，扣分不得超过5分			
职业素养 （15分）	1. 积极与他人合作； 2. 积极帮助他人； 3. 遵守礼仪礼节； 4. 做事态度严谨认真； 5. 具备劳动精神，能主动做到场地的6S管理	未完成1项扣5分，扣分不得超过15分			
专业技能 （40分）	1. 正确邀约客户进行试乘、试驾； 2. 正确推荐试乘、试驾路线； 3. 正确检查客户驾照并签署试乘、试驾协议； 4. 引导客户进行车辆动态体验； 5. 使用恰当的话术展示车辆动态性能； 6. 引导客户回展厅并进行试乘、试驾评价	未完成1项扣7分，扣分不得超过40分			
工具及设备的使用 （20分）	1. 能正确使用销售工具包中的工具； 2. 能正确使用展车和产品宣传资料	未完成1项扣10分，扣分不得超过20分			
任务工单填写 （20分）	1. 字迹清晰； 2. 语句通顺； 3. 无错别字； 4. 无涂改； 5. 无抄袭； 6. 内容完整； 7. 回答准确； 8. 有独到的见解	未完成1项扣5分，扣分不得超过20分			

模块七
汽车报价协商

模块介绍

销售报价协商在汽车交易中具有重要意义。它有助于明确双方的期望与需求、促进合作关系的建立、优化资源配置、提高客户满意度、应对市场竞争、实现企业利润最大化和灵活应对市场变化。因此，在销售过程中，双方应充分重视报价协商环节，确保合作顺利进行。本模块的实践可以很好地锻炼学生的观察力、洞察力及沟通能力。

任务一
如何报价

任务描述

作为专业的汽车销售顾问在报价成交环节一定要学会相关技巧，掌握报价成交的话术，才能为最后成交打下坚实的基础。

任务目标

1. 掌握报价的工作流程。
2. 掌握填写报价单的流程。
3. 能够根据客户情景进行报价模拟。

任务分析

要完成本学习任务,可以按照以下流程进行。
1. 了解报价的工作流程。
2. 根据客户需求填写报价单。
3. 根据客户的情景完成报价话术演练。

完成本学习任务需要准备的工作场景和设备如下。
1. 汽车销售工作包,内含汽车客户资料卡、名片、笔、报价单等。
2. 展车和产品宣传资料。
3. 其他需要用到的工具,如计算器等。

完成本任务所需的知识详见后续相关知识中的各知识点。

相关知识

知识点一 汽车销售环节价格体系

一、销售流程中的价格体系

一般而言,在汽车销售过程中,汽车销售价格体系是由市场价格、优惠价格、展厅报价、客户心理价位、最终成交价组成的。

1. 市场价格

市场价格是厂家对市场公布的终端销售价格,如4S专卖店展厅价格标牌、网络上、广告中公布的价格一般都是市场价格。

2. 优惠价格

优惠价格是各个经销商依据市场价格、厂家商务政策、市场状况等因素制定的市场优惠价格。其可能是市场价格也可能高于或低于市场价格,其优惠的形式一般表现为现金。

3. 展厅报价

一般各个经销商为了促进销售会在优惠价格的基础上再制定各种优惠政策(一般形式为赠品)在展厅中应用,即展厅报价。

展厅报价=优惠价格(现金优惠)+赠品(大礼包)

4. 客户心理价位

绝大多数客户在购买产品时不会知道该产品的进价(或成本价),他们在充分了解并认同该产品的同时也形成了自己对该产品的价格取值,这就是客户心理价位。

5. 最终成交价

产品的最终成交价,一般是展厅报价与客户心理价位之间的取值。按照这个价格体系理论，销售的报价协商环节就是销售顾问同客户在展厅报价与客户心理价位之间寻找平衡点，这个平衡点就是最终成交价。在汽车销售过程中，销售顾问认识并掌握了这个理论以后，就能够顺利地解除一直以来困扰他们的疑惑。

二、认识销售环节价格体系的意义

按照销售价格体系理论，客户对销售顾问的初次报价（展厅报价）不认同，这是在报价协商环节非常正常的现象。

销售顾问不要为此产生急躁或不理解的情绪。在实践中，许多销售顾问非常感慨地说："我们的报价总得不到客户的认可。"非常正确，客户在价格方面一般不可能接受初次报价（当然对于一些感性客户例外）。这是因为客户心理存在的问题（例如底价是多少？是最低价了吗？不会上当吧？）有可能销售顾问并没有为客户彻底解决，此时怎么能指望客户就与销售顾问成交了呢？

当客户对销售顾问的初次报价表示不认可时，按照这一理论，销售顾问并不会茫然，因为，销售顾问知道接下来该做什么——积极、巧妙、准确地探寻客户的心理价位："您的朋友、同事是什么价格在哪儿买的？""再送一副脚垫满足您的要求了吧？""您说个价我看能否满足您的要求？"等都是探寻客户心理价位的话术。

在客户表露出其心理价位之前，销售顾问应当十分清楚与客户关于价格的协商不可能很快结束。因此，销售行为上应该表现出不急、不躁、冷静、耐心。通过巧妙地探寻耐心地等待客户表露出其心理价位。

有时不需要探究客户的心理价位，但有时一定要客户给出这个价位，因为从客户给出这个价位的行为中，我们还能够得出以下三个非常重要的结论。

(1) 该价位距离成交价很远，这时销售顾问应重新审度客户的购买意愿。

(2) 该价位在成交价之内，那就抓紧成交。

(3) 该价位距离成交价很近，采用赠品促使客户妥协成交。

这些结论对于提高成交率是非常有帮助的。

客户异议又称客户抗拒，客户抗拒贯穿整个销售流程，不能成功处理抗拒，就不可能有成功的销售，也不可能让客户有"贴心"的购买体验。

知识点二　汽车报价与议价

一、汽车报价的工作标准

(1) 主动邀请客户进行车辆订购商谈，根据客户需求制作《报价单》。

话术示范如下。

"×先生，您这边请。刚刚试驾完请您休息一下。"

"刚才您试驾的这辆车还满意吗？"

"现在这种配置的车型，目前我们库房里还有几辆，如果颜色合适的话，不妨预订一下，我好替您保留一辆您中意颜色的车呀。"

"×先生，我顺便帮您计算一下这款车大概的费用，您请坐。"

每家 4S 专卖店应该都有符合本品牌规范的报价单，如图 7-1 所示。

报价单						
客户信息	姓名			联系电话	
车辆	车辆型号			车辆颜色	
	厂家指导价			优惠	
	报价					
税费	购置税			车船税	
	牌照费					
	小计					
保险	交强险			第三者责任险	
	保险公司1			预计保费	
	保险公司2			预计保费	
装潢	装潢名称	型号规格	数量	单价	活动	价格
	小计					
贷款	贷款方案1	银行/金融机构				
	期数			利率		
	预计费用					
	贷款方案2	银行/金融机构				
	期数			利率		
	预计费用					
其他服务							
备注							
	合计			报价日期		
	销售顾问			联系电话		

图 7-1 报价单示例

（2）填写报价单时再次明确客户的购车需求，以及保险、贷款、一条龙服务等代办手续的意向。

话术示范如下。

"×先生，我们店与多家保险公司有合作，投保人投保的话最近是有 8 折的优惠，您看您需要我帮您制订个保险方案吗？"

"×女士，我们店与多家银行和金融机构有合作，最近贷款买车都是有优惠的，您需要贷款买车吗？"

"×先生，我们店还为您提供了一条龙的延伸服务，如购买保险、代办贷款、代办上牌、年检等，可以让您直接提车上路，免去奔波办理的麻烦，您看您需要吗？"

（3）应该主动向客户介绍经销店精品装饰产品。

话术示范："×女士，我们公司这里有很多选装配件和精品，您看看是否有需求？这两天我们所有的精品都是有折扣的，如果您现在选择装配的话，比较划算。"

（4）应该主动谈及经销店维修/保养优势和利益。

话术示范："×先生，您问最低价是多少。当然，这是一个合理问题，如果我是您的话，我也会问。

在考虑价格和价值的同时，您可能还要考虑到其他几个方面。正如您所知，在最初价格之外还有许多价值。您刚才也体验到了，这辆车有高性价比及优越的性能。请您再考虑一下良好的节油性能、专业的售后服务、免费的首次更换机油，以及其他许多卓越服务。至于调低价格，我们始终遵循公平的定价政策。您大可放心。"

（5）充分了解分期、保险等购车手续，销售工具夹内有相应资料。销售顾问应该根据客户的用车环境和驾驶熟练程度制订保险方案，并计算保费。

（6）主动向客户提出二手车置换业务，如果客户有需求，销售顾问应该陪同客户进行价格商谈。

话术示范如下。

"×先生，我们店里有资深的二手车评估师，可以对您的车进行免费的鉴定评估，您看您需要吗？"

"您的车辆保养得很好，您这种小排量的车型非常适合家庭使用，在二手车市场上很受欢迎。"

"您看我们经销店也在开展置换业务，您的旧车款项可以直接作为定金，补充尾款就可以提取新车了，非常方便。"

"您的旧车直接作价为新车价款的一部分，由我们进行一站式的处理，您不必为办理旧车处理事项奔波于各个交易地点，在经销店就可以享受我们以旧换新的一站式服务。"

（7）主动向客户介绍合适的车贷方案及业务流程。

话术示范如下。

"这个级别的车辆确实非常适合您的身份，而且您不需准备大量现金，金融购车的话首付只需车价的30%，您就可以把新车开回家了。"

"其实分期手续也很简单，我给您做个大致的介绍吧，如果您选择四大国有银行的话，贷款利率相对较低，但审批手续相对严格……"

（8）向客户说明车辆购置程序和各项费用。

话术示范："×先生，您今天如果能把车定下来的话，我就尽快通知我们售后同事为您的车办理出库手续，大概三天您就可以将新车开回家了。新车全部办好的费用包括优惠后的车款、车辆购置税、保险费、车船税，如果您选购精品的话还有精品费，如果您需要代办上牌的话，还有上牌费，大致就是这些，每一辆车购买都包括这些费用。"

（9）让客户有充分的时间自主审核销售方案。

话术示范："张先生，您可以将我为您做的报价单拿回去，跟家人、朋友商量也好，跟其他 4S 专卖店对比也好，都是可以的，我们的价格绝对是最优惠的，您考虑好了，欢迎到店找我，我会继续为您服务。"

二、报价时机的选择

1. 口头表达

一般通过观察客户提出的问题和客户陈述的内容来进行判断。例如：客户询问"何时可以交车？"或客户要求再度试乘、试驾；或客户询问领牌办证等交车细节；或客户讨论按揭、保险等事项等，都是销售顾问可以报价的时机。

2. 肢体语言

肢体语言是指客户不经意间流露出的动作和行为，例如：客户对车辆的某个配置很感兴趣，主动用手触摸或上车体验；或客户反复回展厅看车；或客户再次带亲人、朋友来看车等，也都是销售顾问可以报价的时机。

三、报价方法

1. 三明治报价法

三明治报价法就是在报价时类比三明治的结构，分三部分进行报价，先向客户说明产品给客户带来的价值，然后说产品的价格，紧接着说产品的优惠活动，弱化产品价格对客户的冲击，让客户觉得产品的价格可以接受，物超所值或物有所值。

话术示范："×先生，这款车型是我们品牌的经典车型，已经销售了 10 多年，一直经久不衰，足以说明车的品质，而且，本车型还是去年消费者最信赖车型排名的第一名呢，产品肯定是非常好的，报价是 18.98 万元，这两天订车还可以优惠 1 万元，真的是非常划算的。"

2. 分摊报价法

分摊报价法就是在报价时将产品的总价分摊到客户每天承担的费用，转移客户对总价的关注，让客户产生价格可以接受的感觉。

话术示范："×女士，这款车现在的售价是 12.99 万元，这辆车保守地算，您用 10 年没问题，我们以 10 年来算，您每天只需要支付 36 元就可以拥有一辆属于自己的汽车了。"

3. 比较报价法

比较报价法是指在报价时将产品的总价和客户采用其他出行方式产生的费用进行比较，让客户产生价格可以接受的感觉。

话术示范："×先生，这款车现在的售价是 9.89 万元，您刚才说您现在的代步工具是出租车，您家和单位的距离比较远，每天上下班大概需要花费 50 元的打车费，您可以大致算一下，如果按每天 60 元的出行费用、1 年上班按 264 天算的话，您 1 年的打车费用大概是 1.58 万元，这还不算您外出游玩和加班产生的出行费用，您打车 6 年的费用就可以购买一辆属于自己的车了,而且一辆车使用的时间不止 6 年,所以说,您现在买车真的是非常划算的选择。"

4. 订金报价法

订金报价法是指客户先支付少量的订金订车,让客户有拥有车辆的感觉,然后支付尾款,以订金来弱化车辆的总价,让客户产生价格可以接受的感觉。

四、汽车议价的技巧

销售顾问应向客户讲解购车价格组成;询问客户拟购车型、付款方式、保险、上牌等意向,并为客户制作报价单。

报价应注意以下几点:报价时必须清楚价格底线;初次报价很重要(越是不了解的客户越不能有大的价格让步);价格让步来之不易;始终留有沟通空间。

(1)不可一次让到底。
(2)越来越慢。
(3)先多后少。
(4)中途离开请示领导。
(5)交换条件尝试成交。

❖ 思考与讨论:

如果一个销售顾问有 6 000 元的让价权限,哪种报价方法是比较合理的,为什么?

任务实施

实施步骤:学生每 4~6 人为一组,每组选出一名组长,负责协调组内成员的工作。每组需完成以下任务。

(1)认真研读教师提供的案例情景,了解 4S 专卖店销售顾问的销售权限,熟悉店内正在进行的市场推广活动。
(2)根据案例情景来讨论设计报价话术。
(3)填写报价单。
(4)小组内派代表完成整个报价流程的模拟演练。
(5)填写任务工单(表 7-1),总结实训经验和收获。

表7-1 任务工单

任务：汽车销售报价				实训时长：40 min	
组名		班级		学号	
实训日期		教师		评分	
实训内容 根据案例模拟真实的汽车销售报价					

案例情景：

销售顾问权限：市场指导价下浮3 000元。

店内活动：1.6 L以下车型享受3 000元惠民补贴；1.6 L以上车型购车即送价值3 000元的全车太阳膜，不能变现；高端豪华车型原价销售无优惠；市场紧俏车型必须加装5 000元精品销售

讨论内容：

1. 报价话术设计：

2. 填写报价单（图7-1）：

3. 总结与反思：

总结实训经验和收获：

任务考核/评价

评价表见表 7-2。

表 7-2 评价表

评分项	评分子项目	评分细则	自我评价	小组评价	教师评价
纪律 （5分）	1. 不迟到； 2. 不早退； 3. 学习用品准备齐全； 4. 积极参与课程问题思考和回答； 5. 积极参与教学活动	未完成1项扣1分，扣分不得超过5分			
职业素养 （15分）	1. 积极与他人合作； 2. 积极帮助他人； 3. 遵守礼仪礼节； 4. 做事态度严谨认真； 5. 具备劳动精神，能主动做到场地的6S管理	未完成1项扣5分，扣分不得超过15分			
专业技能 （40分）	1. 能够了解报价的工作流程； 2. 能够根据客户需求填写报价单； 3. 能够掌握至少一种报价方案； 4. 能够根据客户的情景完成报价话术演练	未完成1项扣10分，扣分不得超过40分			
工具及设备的使用 （20分）	1. 能够合理使用汽车销售工作包，内含汽车客户资料卡、名片、笔、报价单等工具； 2. 能够在报价过程中合理使用展车和产品宣传资料	未完成1项扣10分，扣分不得超过20分			
任务工单填写 （20分）	1. 字迹清晰； 2. 语句通顺； 3. 无错别字； 4. 无涂改； 5. 无抄袭； 6. 内容完整； 7. 回答准确； 8. 有独到的见解	未完成1项扣5分，扣分不得超过20分			

❖ 拓展阅读

客户的 8 发子弹

销售顾问小王参加工作不久。这一天，他跟自己的经理吐槽："李经理啊，我们的客户都这么难相处吗？怎么我介绍车辆和试乘、试驾的时候都好好的，试驾结束一回展厅就像变了个人似的，一分钱都要计较。"

李经理笑了，回答道："这样的客户才是正常的客户。不跟你谈价格的客户绝大多数最后不会买车。小王，给你一份资料，你回去琢磨琢磨，如果客户跟你提这些问题，你将如何处理。"

小王接过资料，标题是"客户的 8 发子弹"。具体内容如下。

（1）你们优惠得太少了，××公司一下就给我优惠了 3 万元多。
（2）还是很贵，超出了我的预算。
（3）××车这方面表现得比你们的车强，而且价格比你们的车便宜 5 000 元。
（4）你们的产品质量不好，我经常在网上看到负面报道。
（5）对你的介绍不做任何反应。
（6）我没这么快决定下来。
（7）不好意思，我可能会选择××车型。
（8）我家××不喜欢这台车。

任务二

谈判成交

任务描述

谈判成交任务是汽车销售顾问与客户进行面对面沟通的过程，其目的是通过协商和说服，使客户接受所推荐的汽车产品，并达成交易。在谈判成交过程中，汽车销售顾问需要在了解客户的需求的前提下，充分展示产品的优势和价值，同时，解答应对客户的各种异议，以期达成销售协议。

任务目标

1. 正确认识和面对客户异议。
2. 掌握处理应对客户异议的步骤和方法。
3. 了解成交的方法与技巧。

任务分析

要完成本学习任务，可以按照以下流程进行。
1. 识别和正确判定客户异议的种类。
2. 进一步分析客户异议产生的原因。
3. 按步骤进行异议处理。
4. 尝试选择一种成交方法，以小组为单位进行成交话术的研讨，并形成小组的规范话术。

完成本学习任务需要准备的工作场景和设备如下。
1. 汽车销售工作包，内含汽车客户资料卡、名片、笔、便笺纸等。
2. 展车和产品宣传资料。
3. 其他需要用到的工具。

完成本任务所需的知识详见后续相关知识中的各知识点。

相关知识

知识点一　客户异议处理

签约成交是销售过程中关键的一步，而客户的异议一般也会出现在这个阶段。在销售顾问寻求与客户签约成交的过程中，价格谈判和抗拒处理是必须跨越的两道难关。销售顾问应该考虑到客户的实际需求和所关心的问题，妥善处理，把握时机，促进成交，达到双赢的目的。

因此，签约成交的重点在于强调客户的利益，解决客户的疑虑。

汽车谈判成交

一、价格谈判

价格虽然不是谈判的全部，但有关价格的讨论依然是谈判的主要组成部分。而分析和处理客户的各种异议，克服成交的障碍，也是销售顾问必须具备的能力。

二、异议处理

客户异议又称客户抗拒，客户抗拒贯穿整个销售流程，不能成功处理客户抗拒，就不可能有成功的销售，也不可能让客户有"贴心"的购买体验。

1. 客户抗拒的含义

抗拒是客户对销售顾问、汽车产品、价格、服务、质量等方面提出的质疑或反对意见，是客户有意或无意中流露出的一种信号，有时候可能是一种借口。

对于客户来说，借口是一种试图隐藏他真正问题的防御，而对于销售顾问来说，抗拒是一种机会，可以让销售过程持续下去。销售顾问可以借机展示自己是一个客户利益至上的、胜任的销售顾问。

2. 面对客户异议的心理态度

销售顾问应保持客户利益至上的立场，以积极的态度面对客户异议。有经验的销售顾问会把客户异议理解为一种积极的信号。

（1）从客户异议中，能判断客户是否有需求。

（2）从客户异议中，能了解客户对建议接受的程度。

（3）从客户异议中，能得出客户的关注点，并迅速调整销售策略。

（4）从客户异议中，能获取更多的客户信息。

3. 客户异议处理的技巧

客户异议的产生源于误解、存疑和不满，因此，处理客户异议的步骤首先是明确客户异议所在；其次是认同客户异议；最后是给客户提供解决方案。处理客户异议的方法有以下几种。

（1）预防法：预防可能出现的异议。

（2）转移法：承认竞争对手的优势，积极地用本品牌产品的优势来补偿。

（3）递延法：对于太早出现或不便马上回答的客户异议可暂时搁置，但必须对客户表示已经注意到了他们的异议。

（4）否定法：一般销售顾问不采用这种方法，除非客户的话有损本品牌形象、产品形象和工作人员形象。

简单来说，异议处理就是倾听、复述、提问、表示认同、转化和引导。销售顾问应尽量创造机会，使客户在不离开展厅的情况下作出决定。当客户心存疑虑而犹豫不决时，销售顾问需了解客户抗拒的原因，站在客户立场表示理解，不要给客户施加压力，给客户充分考虑的时间和空间。

销售顾问可再次根据客户的需求总结本品牌产品的优势，引导客户建立信心，消除客户疑虑。如果客户表示暂时不签约，销售顾问应给予客户时间考虑，同时制订后续跟踪推进计划；如果客户没有选择本品牌车辆，销售顾问应尊重客户的选择，不能表现得太失望或冷漠，可以婉转地请求客户告知选择竞品的原因。

知识点二　成交方法和技巧

一、成交谈判

成交谈判通常会经历五个阶段，即好的开始—开出定价—你来我往—获得承诺—签下合约。

（一）树立谈判的理念

1. 销售谈判的冲突

谈判是一种技巧，也是一种思考方式。谈判是双方利益的分割，是一种摸清对方需求、衡量自己实力、追求最大利益的活动。周密思维是谈判的前提，精心的准备是谈判的基石。销售顾问不能只站在自己的立场去思考利益，而是要站在双方的角度全面思考，这样才可能成功。

谈判是解决冲突、维持关系或建立合作架构的一种过程。双方谈判的原因就是存在冲突，一方的利益取得往往以另一方的利益舍弃为基础。

销售谈判基本上是典型的资源分配谈判：数字谈判，这也是传统的谈判。现在的谈判涉及内容、范围极广，但无论是基于利益还是合作，出发点都是解决冲突，赢得利益。

2. 商务谈判的原则

（1）将人与问题分开：谈判是对问题和分歧的协商与解决，而在谈判中往往容易将个人情感纠缠进去。只有将问题与个人分开，才能进行顺利的谈判。

（2）将注意力集中在利益上：立场与利益的区别在于一个人的立场是其进行决策的基础，而个人利益是促使其采取某种立场的根源。双方谈判的注意力要在利益上，而不是立场上。

（3）创造双赢条件：创造双赢的条件是极其困难的，如果想要创造双赢的局面，只能是双方都把合作当作长期的关系与收益。

（4）坚持客观标准：没有谁愿意在谈判席上"失败"，一旦立场左右了谈判的意志，谈判可能就没有好结果。解决的办法只能是竖起对方的自尊，并以客观的利益为标准。

3. 商务谈判的过程

（1）开局阶段：开局是商务谈判的前奏，它的首要任务就是确立开局目标。

（2）摸底阶段：仔细倾听对方的意见，认真发问，归纳总结，弄清对方的需求、目的等。

（3）报价阶段：根据具体情况选出、提出交易条件的方式。

（4）协商阶段：双方对报价和交易条件进行反复协商，或做出必要的让步。

（5）成交阶段：密切注意成交信息，认真进行回顾，做出最后报价，明确表达成交意图。

（6）签约阶段：用准确规范的文字表述达成的协议，最终双方签订具有法律效力的合同。

（二）谈判准备的要件

（1）物的有形或无形条件——有关汽车本身。

☐品牌信誉　☐安全　☐舒适　☐价格　☐驾驶乐趣　☐外观　☐其他　☐性能。

（2）人的有形或无形条件——经销商与销售顾问。

☐展示间的总体形象　☐销售顾问的态度　☐销售顾问的销售方法、技巧与能力　☐销售顾问的谈判、说明及议价能力　☐经销商信誉口碑　☐其他主客观条件。

（3）价格是不是购买的唯一条件。销售顾问错误地认为客户想花最少的钱来购买一件产品或服务；销售顾问以为客户花不起钱或不想花钱购买必需的奢侈品（既奢侈又必需）。

愿意多花钱的心理原因：你必须说明多花钱的理由，并说服客户目前这交易是其所能得到的最有利的交易。否则无论如何降价，仍将听到"你的价格太高了"。

（三）谋划成功的谈判

成功的销售谈判有三大步骤：造势——推进——出击。

1. 成功谈判的造势

□摆明立场的开价　□明确对方的立场　□做出震惊的表情　□专注谈判的主题。

2. 成功谈判的推进

□要取得上级同意。不要让客户摸清楚你的权限所在。
□绝不与客户争执。若客户提出异议，绝不可与客户争执。
□不先提折中方案。尽量不要先提出一人让一步的方案。
□烫手洋芋不要沾。"我的预算不够"不会是真的。

3. 成功谈判的出击

□红脸黑脸　□扮猪吃虎　□欲擒故纵　□缓兵之计　□得寸进尺　□让价模式。

让价的模式是大削价—中等削价—小削价—最小削价。

所谓价格谈判并非就是价格谈判，在汽车销售时，销售顾问与客户的所有接触与交流都是谈判，只有明白了为什么要谈判？客户在意什么内容时，才能够作出如何谈判的选择。

成功不是坐等机会，也不是水到渠成，而是精心谋划的结果。这里勾勒了一次成功谈判需要做的工作的粗线条，但并不是可以立即操作的手术刀，谈判的成功还需要充分利用现场的环境，因为，没有人会按照你的安排行事，你无权安排。

经过艰苦地谈判，终于让客户觉得购买你的车是比较好的选择了。但是，很少会有人直截了当地说："好吧，我买了！"而是用另外的方式表达出来。这就要求销售顾问必须懂得把握时机，实现成交。

（四）实现成交

1. 把握时机

一个人决策往往是不理性的，这也就导致了决策的可变性。销售顾问如果对没有把握住客户的决策表现时，客户可能轻易就作出改变。时机易逝，有能力者才能把握。因此，在与客户谈判的每一分钟都要紧张自己的每一根神经，抓住客户发出的每一个信号。

直播说车演练

2. 抓住信号

时刻注意客户的表现，注重客户发出的每一个信号。当论及颜色、内饰，并做肯定答复，论及交车时间、售后服务、配件问题、订金、合同细节，以及出现一些肯定表情时，就是客户愿意成交的信号。销售顾问必须就此打住，与客户达成初步意向。

3. 经典推销

成功的销售未必是成功的营销，只有交易让双方都感到满意，双方都获得了需求的满足，这样的销售才是成功的营销。经典推销简单地说就是投其所好，抓住对方的弱点（需求）推销专卖点与独特之处，客户想要什么就给他们什么。

4. 多多展示

每个人身上多少都存在近因效用，往往更相信摆在他眼前的事实。如果销售顾问的说明不能让客户下定购买的决心，销售顾问就要多次展示，让客户看个够，并且力求让客户忘记争论的焦点。身材高大的客户担心某车空间不足，销售顾问让他坐上驾驶位感受利用的就是这种方法。

5. 使用旁证

销售顾问的说辞很难起到证明的作用，因为客户对销售顾问的防范是很严的。有位女客户看上了一款跑车，可销售顾问怎么说都不能让她决定购买。这时，经理过来对销售顾问说："小×，×××（一名人）的车该保养了，您给她打个电话通知一下。"这位客户当即决定购买。

二、成交技巧及话术示例

（一）正面假定式成交

正面假定式成交即销售顾问向客户描述拥有汽车后生活的场景，让客户产生向往，进而产生成交行为。

话术示范："×女士，您之前说您每天上班要提前 1 h 出门，要步行至地铁站，下地铁后还要走大概 10 min 到公司，现在您对这辆车很满意，如果您今天订下来的话，这个周五我就可以给您交车了，您下周一就可以开新车上班了，以后您早上就可以晚点出门，不用那么赶了，您看您是不是考虑把车定下来呢？"

（二）将来发生式成交

将来发生式成交即销售顾问以库存紧张、优惠活动将结束等情况来引导客户，告诉客户现在订车的迫切性。

话术示范："×先生，您中意的 1.8 T 双离合白色的这款车一直都很热销，来我们这边的客户很多都是咨询这款车的，所以我建议您如果觉得合适的话就先订下来，免得后面没有库存了，您提车还要等，您考虑看看。"

（三）总结式成交

总结式成交即销售顾问再次为客户总结其需求和意向车型的优点，强调客户需求和车型优点的吻合性，引导客户订车。

话术示范："×先生，您这次是想要购买一辆外观动感时尚、乘坐空间大、动力强劲、油耗相对较低的家用轿车，对吧！我们第十代×× 外观在第九代的基础上做了较大的改变，外观动感时尚，很受像您一样的年轻消费者的喜欢，刚才您也上车体验过了，车的前排和后排空间都是很充足的，您说您家里是 4 口人，用起来是非常舒适够用的，而且，您选择的这款 1.5 T 尊贵版车型采用的是涡轮增压技术，刚才您试驾的时候也是有真实感受它的加速能力的，日系车的油耗在同级别车里一直是表现非常好的，这一点您应该也是知道的。所以，我们这款 1.5T 尊贵版×× 是完全满足您的购车需求的，是很实用、适用的一款车型，您看您要不就定下来吧？"

（四）小点促成式成交

小点促成式成交即销售顾问可以通过询问客户每项细分的项目，帮助客户作出每项的决定，进而作出订车的决定。

话术示范："×先生，这款车这个周末的优惠确实很大，基本上算是同城店里最低的价格了，我想问问您想好购买哪一款了吗？1.0 T 还是 1.5 T 呢？动力都还不错；尊贵版还是豪华版呢？按照您的购车预算，尊贵版是略高出您的预算的，但是尊贵版比豪华版配置高出很多，例如：座椅材质一个是真皮一个是织物；主驾电动座椅调节功能尊贵版是有的，豪华版是手动调节；GPS 导航系统，尊贵版有，豪华版是没有的，您可以和太太商量一下；白色还是红色呢？您太太刚才说是白色好看；哦，您说是要 1.5 T 尊贵版白色是吗？这款车刚好有现车，我帮您订下来吧？"

（五）试用式成交

试用式成交即客户可以对中意的车型进行有偿试用，将车辆开回家试用几天后再决定是不是购买。一般来说，客户进行试用后购车的可能性会提高很多。但是，目前国内使用试用式成交的经销商不多，因为试用车必须牌照完备、保险齐全，而且要准备到各个车型，经销商养车成本过高。

任务实施

实施步骤：学生每 4～6 人为一组，每组选出一名组长，负责协调组内成员的工作。每组需完成以下任务。

（1）认真研读给出的客户异议。
（2）判定异议产生的真正原因。
（3）按步骤处理异议。
（4）小组内派代表完成异议处理的模拟演练。
（5）填写任务工单（表 7-3），总结实训经验和收获。

表 7-3 任务工单

任务：汽车异议处理		实训时长：40 min	
组名	班级		学号
实训日期	教师		评分
实训内容　按步骤处理客户异议			
异议清单： （1）这车太贵了！ （2）这车外形不够时尚。 （3）其他品牌的车有优惠，这款车没有优惠。 （4）我考虑考虑。 （5）我还是等等吧，过一段时间可能降价呢！ （6）前一段时间新闻报道说你们的车召回了，我还是要考虑考虑看			

续表

异议1：这车太贵了！
应对话术：

异议2：这车外形不够时尚。
应对话术：

异议3：其他品牌的车有优惠，这款车没有优惠。
应对话术：

异议4：我考虑考虑。
应对话术：

异议5：我还是等等吧，过一段时间可能降价呢！
应对话术：

异议6：前一段时间新闻报道说你们的车召回了，我还是要考虑考虑看。
应对话术：

总结实训经验和收获：

任务考核/评价

评价表见表7-4。

表7-4 评价表

评分项	评分子项目	评分细则	自我评价	小组评价	教师评价
纪律 （5分）	1. 不迟到； 2. 不早退； 3. 学习用品准备齐全； 4. 积极参与课程问题思考和回答； 5. 积极参与教学活动	未完成1项扣1分，扣分不得超过5分			
职业素养 （15分）	1. 积极与他人合作； 2. 积极帮助他人； 3. 遵守礼仪礼节； 4. 做事态度严谨认真； 5. 具备劳动精神，能主动做到场地的6S管理	未完成1项扣5分，扣分不得超过15分			
专业技能 （40分）	1. 能够正确认识和面对客户异议； 2. 掌握处理应对客户异议的步骤和方法； 3. 能够尝试运用成交的方法与技巧； 4. 能够对客户的异议作出合理的应对	未完成1项扣10分，扣分不得超过40分			
工具及设备的使用 （20分）	1. 能够合理使用汽车销售工作包，内含汽车客户资料卡、名片、笔、报价单等工具； 2. 能够在报价中用好展车和产品宣传资料	未完成1项扣10分，扣分不得超过20分			
任务工单填写 （20分）	1. 字迹清晰； 2. 语句通顺； 3. 无错别字； 4. 无涂改； 5. 无抄袭； 6. 内容完整； 7. 回答准确； 8. 有独到的见解	未完成1项扣5分，扣分不得超过20分			

模块八
汽车营销延伸

模块介绍

随着人民群众生活水平日益提高,汽车已经不仅仅是一种交通工具,而是生活中不可缺少的一部分。汽车营销不应仅局限于销售和维修等传统功能,而应致力于为广大客户创造和提供美好的汽车生活。这就要求汽车销售服务商将营销延伸,为客户提供各种增值服务。本模块将一起学习如何开展汽车营销的延伸服务。

任务一
汽车金融推荐

任务描述

汽车金融服务是汽车服务业和金融服务业高度融合的产物。汽车企业为了更好、更大限度地满足客户的需求,并达到企业经营目标,就必须开展一系列的汽车金融服务。而随着市场竞争的日益激烈和客户需求的不断变化,汽车销售顾问应该了解汽车金融的起源、发展和分类,能够为客户提供合适、合理的汽车金融方案。

任务目标

1. 了解汽车金融分类。
2. 熟练掌握向客户推荐汽车金融方案。
3. 能够为客户设计信用卡购车分期付款方案。

任务分析

要完成本学习任务,可以按照以下流程进行。
1. 学生以小组为单位,进行购车分期付款业务方案讨论。
2. 给出案例,让学生找出设计分期付款方案的要点。

完成本学习任务需要准备的工作场景和设备如下。
1. 汽车销售工作包,内含计算器、分期付款速算表、名片、笔、便笺纸等。
2. 汽车金融产品宣传资料。
3. 其他需要用到的工具。

完成本任务所需的知识详见后续相关知识中的各知识点。

相关知识

知识点一　汽车金融分类

广义的汽车金融既包括汽车生产、流通、购买、消费等环节中的金融活动,也包括经销商展厅建设融资、库存融资,对客户端的消费金融、汽车保险等。狭义的汽车金融仅限于对客户端的消费金融,俗称贷款买车。

一、汽车金融的内容

1. 汽车消费贷款

汽车消费贷款是对申请购买汽车的借款人发放的人民币担保贷款,是商业银行、城乡信用社、汽车财务公司及获准经营汽车贷款业务的非银行金融机构向购买者一次性交付车款所需的资金提供担保贷款,并联合保险、公证机构为购车者提供保险和公证。

2. 汽车保险

汽车保险包括机动车交通事故强制责任险、商业险主险及附加险等。

3. 汽车租赁

(1) 经营性租赁。按租赁时间,经营性租赁可以分为长期租赁和短期租赁两种形式。长期租赁是指租赁企业与用户签订长期(一般以年计算)租赁合同,按长期租赁期间的费用(通常包括车辆价格、维修保养费、各种税费开支、保险费及利息等)扣除预计剩存价后,按合同中的月数平均收取租赁费用,并提供汽车功能、税费、保险维修及配件等综合服务的租赁形式。短期租赁是指租赁企业根据用户要求签订合同,为用户提供短期汽车租赁服务(一般以小时、日、月计取短期租赁费),解决用户在租赁期间与之相关的各项服务要求的租赁形式。

(2) 融资租赁。融资租赁又称金融租赁或财务租赁,租赁物件的所有权只是出租人为了控制承租人偿还租金的风险而采取的一种形式所有权，在合同结束时最终有可能转移给承租人，因此，租赁物件的购买由承租人选择，维修保养也由承租人负责，出租人只提供金融服务。

4. 汽车置换服务

从狭义上说，汽车置换就是以旧换新，经销商通过二手车的收购、与新车的对等销售获取利益。从广义上说，汽车置换是指在以旧换新业务的基础上，同时还兼容二手车的整新和跟踪服务，二手车再销售乃至折抵分期付款等项目的一系列业务组合，从而成为一种有机而独立的营销方式。

二、汽车金融的主体

1. 商业银行

早在2004年，中国第一家汽车金融公司——上海通用汽车金融公司成立前，各大银行就大力发展了汽车消费金融业务，但是当时车价不断降低，居民信用体系不健全，导致汽车消费金融坏账率一度高达30%，所以银行的汽车金融业务急剧萎缩。随着车价逐步稳定，信用体系逐步健全，商业银行重新强势进入该领域，并且创新性使用信用卡分期模式。

2. 汽车金融公司、厂商财务公司

自2004年来，中国已经成立了十几家汽车金融公司和厂商财务公司。汽车金融公司统一由中国银保监会批准设立，作为非银行金融机构，其业务模式受银保监会监管，但是可以接入央行征信系统，风险可控。产品利率和同期银行利率相近，加上汽车厂商经常有贴息，所以产品很有竞争力。

3. 融资租赁公司

在现阶段，拿不到汽车金融公司牌照，但是又想做汽车消费金融业务，就先拿融资租赁的牌照做。融资租赁公司因为归商务部监管，所以产品设计灵活，可以做更低的首付（汽车金融公司最低30%首付），更长的贷款周期，购置税、维修、保险等都可以贷款。但是暂时很难接入央行征信系统，只能借道其他金融公司查征信。

4. 消费金融公司

消费金融公司是指经银保监会批准，不吸收公众存款，为个人提供以消费为目的的贷款的非银行金融机构，其特点是短期、小额、无担保、无抵押。汽车金融领域因为风控需求，大多数还是需要进行抵押登记［用车辆登记证（俗称绿本）去车管所做抵押登记，限制过户］。

5. 互联网汽车金融公司

互联网汽车金融公司是指从事汽车消费金融的非P2P互联网公司，基本上是与互联网汽车相关的公司，拿融资租赁牌照来做业务。例如，由易车汽车金融事业部分拆独立成立的易鑫金融，旗下有易鑫融资租赁公司；汽车之家作为股东的上海有车有家融资租赁公司；滴滴成立的众富融资租赁公司；阿里的车秒贷平台也是和众多融资租赁公司合作；优信金融做的二手车融资租赁业务等。

6. 金融服务提供商（SP）

金融服务提供商（SP）和上述几种不一样，本身并不提供资金，只是作为一个渠道帮资金方把金融服务带给4S专卖店等终端客户，然后收取佣金。金融公司也经常借助SP去下沉和拓展线下销售渠道。

除了以上几种，市场上还有一些小贷公司、P2P、担保公司，它们利率较高，可以为那些在以上渠道很难获得贷款的客户提供服务。

知识点二　汽车金融产品推荐

一、汽车消费金融概况

汽车消费金融又称汽车信贷，是指金融机构对申请购买汽车的借款人发放贷款用以购买汽车。汽车贷款的对象（借款人）包括自然人和法人。贷款的方式有车辆抵押、质押、第三方保证和信用卡贷款等。贷款偿还的方式包括按月偿还等额本金或等额本息，也可以在贷款期限到期时一次性偿还。

二、信用卡购车分期付款业务

信用卡购车分期付款业务通常由汽车主机厂和银行信用卡中心签署"总对总"合作协议，并由该汽车品牌的授权经销商开展的一种汽车消费金融业务。汽车主机厂提供优势车型并贴补相应手续费。银行信用卡中心则对现有优质持卡客户开展精准营销，对符合购车分期条件的客户授予专享分期额度，提供刷卡完成交易，承担资金成本和逾期欠款的风险。客户在经销商处向银行递交分期购车申请，银行审核通过后，客户交首付款及办理保险等手续，银行为客户提高信用卡额度，客户在经销商处刷卡提车，并分期还款给银行。

信用卡购车分期付款业务对购车客户和经销商的好处是显而易见的。如图8-1所示，"分期金额"实际上是银行帮助客户预先支付给经销商，客户在未来的1~3年内分期将该金额还给银行。因此，经销商在客户提车时收到的是完整车款（商户手续费由经销商垫付，以后按月与厂商结算），客户日后如出现不还款的风险，也是由银行承担。而客户借此可增加购车预算，提前享受汽车生活。

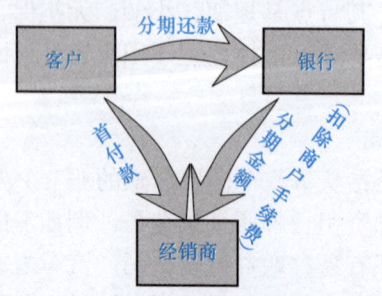

图8-1　信用卡购车分期付款业务

与传统的汽车抵押贷款业务相比，信用卡购车分期付款业务的亮点颇多，主要体现在以下方面。

（1）手续便捷：免抵押、免担保，无须办理烦琐的车辆抵押担保手续。

（2）优惠费率：合作汽车厂商可提供全部或部分贴息。

（3）上牌无限制：车辆无须抵押，上牌地域无限制。

（4）专业服务：专业团队支持，新办卡客户也可申请，尊享周到服务。

（5）积分回馈：每月分期入账金额同享积分礼遇，逐月累积。

（6）专享额度：购车分期额度高，且不占用正常信用额度。

（7）灵活期限：最长36月分期还款，可提前享受汽车生活。

（8）轻松理财：缓解资金压力，增加购买预算。

信用卡购车分期付款业务流程如图8-2所示。

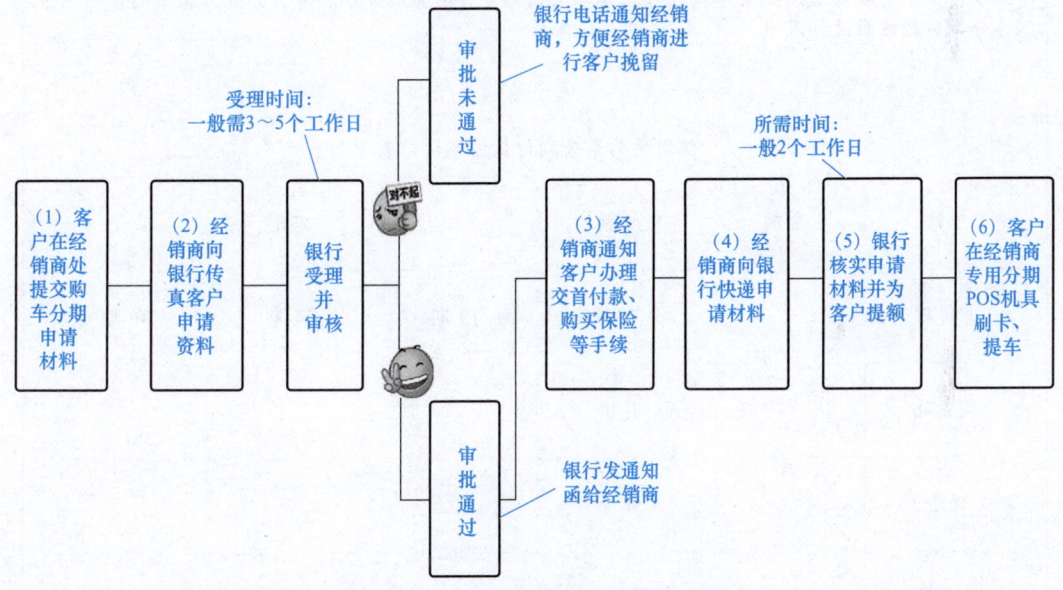

图8-2　信用卡购车分期付款业务流程

任务实施

实施步骤：信用卡购车分期付款业务已经成为目前汽车消费金融的主流方式之一，对于新晋的销售顾问，可以从以下两点进行强化练习。

（1）掌握为客户设计信用卡购车分期付款方案的能力。

（2）掌握信用卡分期付款业务申请表的填写。

1）指导教师对全班学生进行分组，5~6人为一个小组，每个小组推选一位组长。

2）各小组应围绕案例，充分讨论分期付款的方案。专业教师对各小组及组员的讨论过程进行适当指导，各小组成员将自己的想法填入分期付款方案设计表。

3）由组长进行汇报讲解。

任务工单见表8-1。

表8-1 任务工单

任务：信用卡购车分期付款方案设计		实训时长：40 min	
组名	班级	学号	
实训日期	教师	评分	
实训内容1　设计信用卡购车分期付款方案			
案例： 购车客户朱小姐，单身白领，月光族，每月收入在 8 000 元左右。为了上下班方便，朱小姐看中了一款日产轩逸（燃油车），价位在 11 万元左右。她的妈妈给了她 6 万元现金用于购车。请为朱小姐设计一个贷款计划，要考虑到每月在车辆上的花费（不考虑分期利息）。将方案填写在信用卡购车分期付款方案设计表中			

信用卡购车分期付款方案设计表

项目	金额	贷款数额	万元		
首付款		分期方式	12期	24期	36期
购置税		月供			
保险		邮费			
上牌费		停车费			
手续费		保养费用			
第一箱油		其他费用			
购车时支出小计		每月支出小计			
剩余现金					

续表

实训内容2　信用卡分期付款业务申请表

信用卡购车分期付款业务申请表

特别申明：提供商品和服务的经销商承担所有产品品质、服务品质等与产品有关的所有责任，××银行仅提供分期付款业务，与提供商品和服务的经销商之间无代理、经销或担保关系

申请人及信用卡基本信息（申请人必须为信用卡主卡持卡人本人）：

姓名：	工作单位：	职务：	单位电话：
手机：	家庭电话：	家庭住址：	
身份证件类型：	有效证件号码：□□□□□□□□□□□□□□□□□□		

信用卡卡号：□□□□□□□□□□□□□□□□

经销商基本信息（由经销商经办人员填写）

经销商名称：	店面地址：
联系人：	联系电话：区号电话　　传真号码：区号电话

订购汽车信息（由经销商经办人员填写）

汽车品牌：	汽车型号：
汽车价格：	首付金额：

预计提车时间：_____

申请分期信息（由申请人本人填写）

分期期数：　　期	申请分期金额（小写）：　　　元　大写：
持卡人手续费率：	持卡人手续费金额：

兹此声明：本人已阅读并接受本订购单及其所附的《信用卡汽车分期付款业务持卡人约定条款》。

申请人签名（签名须与信用卡背面签名一致）：_____ 日期：_____
经销商经办人员签名：_____ 日期：_____
经销商印章

任务考核/评价

评价表见表8-2。

表8-2　评价表

评分项	评分子项目	评分细则	自我评价	小组评价	教师评价
纪律（5分）	1. 不迟到； 2. 不早退； 3. 学习用品准备齐全； 4. 积极参与课程问题思考和回答； 5. 积极参与教学活动	未完成1项扣1分，扣分不得超过5分			

续表

评分项	评分子项目	评分细则	自我评价	小组评价	教师评价
职业素养（15分）	1. 积极与他人合作； 2. 积极帮助他人； 3. 遵守礼仪礼节； 4. 做事态度严谨认真； 5. 具备劳动精神，能主动做到场地的6S管理	未完成1项扣5分，扣分不得超过15分			
专业技能（40分）	1. 首付款是否恰当； 2. 分期是否恰当； 3. 购置税计算是否正确； 4. 是否考虑到商业保险费用； 5. 车主能否承担每月养车费用； 6. 能否保证车辆销售有一定的利润率	未完成1项扣7分，扣分不得超过40分			
工具及设备的使用（20分）	1. 能正确使用销售工具包中的工具； 2. 能正确使用汽车金融产品的宣传资料	未完成1项扣10分，扣分不得超过20分			
任务工单填写（20分）	1. 字迹清晰； 2. 语句通顺； 3. 无错别字； 4. 无涂改； 5. 无抄袭； 6. 内容完整； 7. 回答准确； 8. 有独到的见解	未完成1项扣5分，扣分不得超过20分			

任务二

增值服务推荐

任务描述

本任务重点讨论在车辆销售过程中主机厂和汽车销售服务店提供的车辆增值服务，主要有汽车用品和装潢美容服务、汽车延保服务等。汽车销售顾问应能够做到专业、真诚地根据客户的需求，推荐合适的增值服务方案，避免过度营销。

任务目标

1. 了解汽车用品和美容服务的业务开展模式、业务组成。
2. 了解汽车延保业务。

完成该学习任务时，要求做到以下事项。

1. 能够为客户编制汽车用品和美容服务套餐。
2. 能够引导客户购买合适的汽车延保服务。

任务分析

要完成本学习任务，可以按照以下流程进行。

1. 进行汽车用品和美容服务内容讲解。
2. 进行汽车延保业务内容讲解。
3. 结合案例，分组讨论完善增值服务推荐话术，并进行话术演练。

完成本学习任务需要准备的工作场景和设备如下。

1. 汽车销售工作包，内含汽车用品和美容服务套餐一览表、汽车延保产品一览表、名片、笔、便笺纸、平板电脑（如有）等。
2. 其他需要用到的工具。

完成本任务所需的知识详见后续相关知识中的各知识点。

相关知识

知识点一　汽车用品和美容服务

随着我国乘用车消费市场的日益成熟，汽车对于人们来说不再只是身份的象征或代步工具。汽车与人们的生活联系越来越紧密，逐渐成为人们生活中不可或缺的一部分。很多客户不再满足于驾驶平庸的量产汽车，而倾向拥有一辆个性化的汽车。同时，客户也不再满足于由销售服务店提供的传统维护保养服务，他们希望能够获取更多有特色的差异化服务。

目前，很多主机厂和汽车销售服务店都已经意识到汽车用品（包括汽车装饰品、汽车改装用品、户外体育用品和休闲用品）和汽车美容服务的重要性。提供这些服务，不仅能够增加企业的收益，更重要的是可以为热爱汽车的客户创造美好的汽车生活。

一、业务开展模式

客户消费习惯的培育是一个长期的过程。对于主机厂和汽车销售服务店来说，从客户购买新车就开始培育客户的消费习惯不失为一个好方法。因此，销售部及销售顾问在进行客户需求分析和价格谈判的时候，应该充分考虑客户在购买汽车用品和装潢美容服务方面的需要。

销售部主要负责汽车精品、装潢及美容业务的客户推介和销售，部门应建立有效的考核体系，激励销售顾问推销汽车用品和装潢美容业务。

装潢部的主要职责包括汽车精品、装潢美容等具体方案的制订（包括细项、指导零售价格及结算成本）；货品的筛选和组织；相关专业展示架的准备和现场摆放；相关施工材料和专业工具的准备；提供各施工项目的现场技术安装人员；提供相关产品知识、销售技巧的培训和现场指导。

二、业务组成

一个成熟的汽车销售服务店，不仅有源源不断的新车客户，还有管理内的保有客户。新车消费和常规消费构成装潢业务的主要元素，但新车客户的消费重点和保有客户的消费重点往往是不一样的。销售服务店开展汽车用品和装潢美容服务时应该充分考虑到这一点。

新车消费，应发挥4S专卖店目标客户集中度高的优势，以贴膜、底盘装甲、真皮座椅、镀膜或封釉等为主要推荐项目。

常规消费，可发挥4S专卖店保有客户相对稳定的优势，以在修车的漆面养护为主要推荐项目。

店内可陈列具有品牌特性的车内精品和季节性、话题性商品，激发待修车主的购买欲望，带动消费，对装潢营业额起到补充作用。

店内提供一些有针对性的升级方案，挖掘客户个性化需求。

根据市场需求对一些低配车辆进行预装，并在展厅展出，可以有效提高装潢产值。

汽车销售服务店汽车用品及美容装潢业务的盈利核心如图8-3所示。

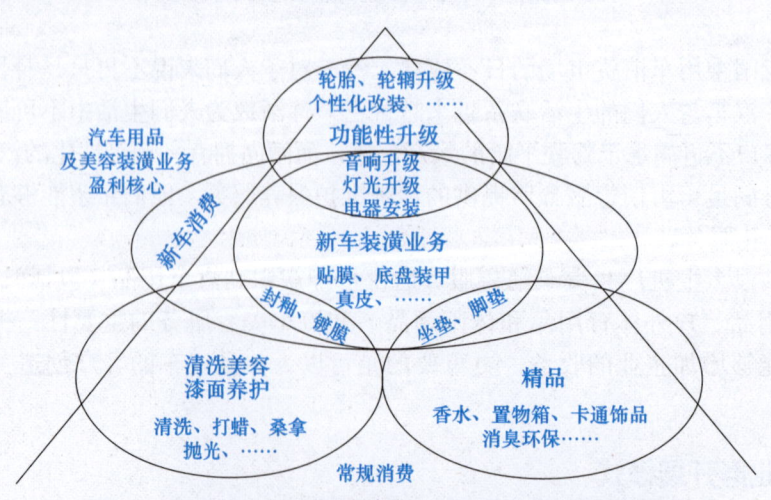

图8-3　汽车销售服务店汽车用品及美容装潢业务盈利核心

三、汽车清洗美容业务简介

汽车清洗美容业务可以贯穿客户的整个用车生涯，除在客户保养时提供常规的简单清洗服务以外，汽车销售服务店应该充分考虑客户对于车辆外观及内饰的精细化要求，提供更专业的清洗美容服务。某品牌汽车4S专卖店给客户提供的清洗美容服务见表8-3。当然，汽车4S专卖店可以将这些项目进行有机结合和打包，包装成汽车美容年卡进行销售。尤其在新车客户提车时，美容年卡业务更是一项可以有效提升客户满意度和增加收益的增值服务。

表 8-3 汽车清洗美容服务价目表

序号	项目	零售价/（元·车$^{-1}$）	施工效果/目的	时间/min
1	打蜡	50	保护漆面、增加亮度	55
2	清洗脚垫	30	保持车内清洁	20
3	清除沥青	40	保持漆面清洁、光泽	25
4	清洗钢圈/4只	80	祛除铁锈、焕然一新	20
5	整车除虫胶	50	保持整车清洁	20
6	整车抛光	300	祛除轻微划痕	120
7	整车飘漆处理	400	保护漆面、增加亮度	90
8	室内清洗	100	保持室内清洁	60
9	全车桑拿	400	杀菌除臭	60
10	底盘装甲	1 800	防腐蚀，降噪声	240
11	封釉	580	保护漆面不受损伤	180
12	镀膜	1 700	保护漆面、恢复新车面貌	180
13	发动机机舱清洗	100	保持机舱整洁	30
14	整车隔声	3300	降低噪声、提高舒适性	2天

四、汽车改装业务简介

汽车改装业务分为两种：第一种是传统的汽车改装，即生产专用汽车；第二种是在汽车制造厂大批量生产的原型车的基础上，结合造型设计理念，运用先进的工艺及成熟的配件与技术，对汽车的实用性、功能性、欣赏性进行改进、提升与美化，且符合汽车全面技术标准，最终满足人们对汽车这种特殊商品的多元化、多用途、多角度的需求。此种汽车改装主要包括加装、换装、选装、强化、升级等。这种汽车改装源于赛车运动。本处所讨论的汽车改装属于第二种。

在我国，由于改装政策法规相对落后，汽车改装市场发展相对缓慢。但2017年6月，国家放宽了家用轿车16项改装标准，惠及众多汽车销售服务店和汽车改装爱好者。

这16项汽车改装标准包括汽车外包围、音响、踏板改加、隔震、轮毂、加固材料加装标准、汽车灯光、内饰、改色贴膜、行李架改加装标准，汽车计算机系统、电路、外观、内饰改装后空气检测标准、汽车改加装后安全检测、配件可靠性检测标准。

汽车改装的核心是提高汽车的性能、操控等内在技术指标。世界各大著名汽车厂商都有专业改装厂和改装品牌，如奔驰的 AMG、宝马的 AC Schnitzer、三菱的 Ralliart、丰田的 Toms、日产的 Nismo、本田的无限（MUGEN）等。

汽车改装业务的开展应注意以下几点。

（1）《中华人民共和国道路交通安全法》明确规定，任何单位或者个人不得拼装机动车或者擅自改变机动车已登记的结构、构造或者特征。车辆的结构包括车身颜色、长、宽、高四个硬性的标准和发动机的相关技术参数。

（2）已领牌照的汽车进行改装前，应向车管所登记申报，其改装技术报告经车管所审查同意后，方可进行改装。改装完毕，还要到车管所办理改装变更手续。

（3）车辆改装是否合法，关键是看车辆是否与行驶证上的照片相符，与车辆出厂技术参数是否相符。不符合的，就不能通过年检。

知识点二　汽车延保服务

一、汽车延保服务的含义

汽车延保服务，就是汽车延长保修服务，简称 OEW，是指对于加入延长保修服务的车辆，在原厂质量担保满后因产品本身问题引起的车辆故障，在延长保修期内可以继续享受原厂保修的服务。延长保修服务是对原厂整车质保服务的一种延伸，用以解决品牌客户车辆保修期过后维修费用不确定的风险。

以 3 年或 10 万千米的原厂保修期为例。如果延长 1 年或 2 万千米的保修期，则该车的保修期延长至 4 年或 12 万千米。如果延长 2 年或 4 万千米的保修期，则该车的保修期延长至 5 年或 14 万千米，如图 8-4 所示。

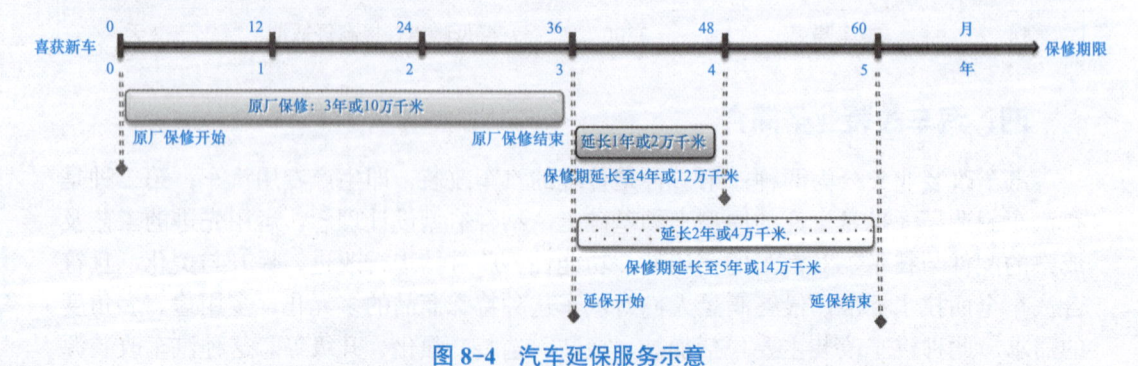

图 8-4　汽车延保服务示意

二、汽车延保服务的分类

汽车延保服务可以按延保时间和里程分类，也可以按保修范围分类。

其中，按保修范围分类，汽车延保服务可以分为动力延保、总成延保和整车延保。

（1）动力延保一般包括发动机总成、冷却系统、变速箱、前驱动轴、前/后轴、制动系统。

（2）总成延保一般包括在动力延保的内容外增加空调系统、照明系统、音响系统、电控及辅助电器、转向系统、前悬架、后悬架、车门及座椅。

（3）整车延保包括在总成延保的内容外增加燃油系统、进气系统、排气系统等，等同于原厂保修。

三、汽车延保服务对车主的作用和意义

随着车龄及行驶里程的增加，汽车修理费用将逐渐提高。原厂保修期过后，客户将不得不面对高昂的维修费用。部分客户因为汽车 4S 专卖店维修费用高，而选择其他汽车修理厂或快修连锁店，但这些社会修理企业的配件很难分辨真伪，维修服务的水平和质量也很难有保障。如果汽车生产厂家和汽车 4S 专卖店能提供原厂保修期之后的延保服务，对于车主的意义是显而易见的。

（1）维修费用固定：延保服务虽然是一项有偿的服务，但延保服务将延保期内的维修费用固定，与原厂保修期后可能发生的高额维修费用相比，相当于用较低的价格买了一份保险。

（2）车况和车辆性能有保障：客户购买延保服务后，将得到汽车 4S 专卖店的专业服务。汽车 4S 专卖店具有原厂的维修流程、原厂的零配件、专业的维修技师和专业的维修工具和设备，显然比社会上的其他维修企业更能够保证车主的车况和车辆性能。

（3）异地维修有保障：客户购买汽车延保服务以后，在延保服务期内，到全国各本品牌的汽车 4S 专卖店都能享受到同样的延保服务，不用担心异地维修需要支付额外的维修费用。

（4）车辆保值：延保可随车转让，有原厂的延长保修服务，车辆将更受客户青睐、出售更加容易，而且价格也将更高。

四、汽车延保服务对品牌和经销商的作用和意义

汽车延保服务不仅是厂家对汽车质量和性能自信的表现，而且对于品牌及经销商的方针目标达成也有重要的促进作用。

（1）有利于维持超保的客户，减少客户的流失，增加品牌客户维持率。

（2）延保作为一种服务产品，可以改变客户过保后的消费方式，促进客户返厂，带动服务产值的提升。

（3）延保服务可以让客户安心购车、放心用车，提高客户满意度。

（4）延保产品可以同新车销售灵活结合和捆绑，增加产品卖点的同时有利于提高老客户转介绍的比率，带动新车销量。

（5）便于品牌和经销商对服务数据的收集和分析，为质量改进提供数据支持。

（6）减少车辆超保后出现高价格配件故障等导致的用户投诉。

五、汽车延保服务的销售

汽车延保服务可以是无偿提供的,但绝大部分汽车生产厂家是有偿销售的。根据客户购车时间的长短,汽车延保服务可以分为不同的产品。以某品牌延保服务为例,该品牌新车保修期为三年或 10 万千米,以先到者为准。该品牌将延保服务分为两档,并规定售价,见表未超过 8-4。

自新车销售之日起未超过 6 个月且行驶里程 1 万千米以内的车辆。

自新车销售之日起超过 6 个月或行驶里程超过 1 万千米但在 24 个月且 6 万千米以内。

表 8-4　汽车延保服务销售价格表示例(单位:元)

延保期限/里程	购买时间	动力延保 销售价	动力延保 折合每天支出	总成延保 销售价	总成延保 折合每天支出	整车延保 销售价	整车延保 折合每天支出
1 年或 2 万千米	购车 6 个月且行驶里程 10 000 千米内	1 288	3.5	2 388	6.5	2 788	7.6
	购车 24 个月且行驶里程 60 000 千米内	1 488	4.1	2 588	7.1	3 068	8.5
2 年或 4 万千米	购车 6 个月且行驶里程 10 000 千米内	2 188	3.0	4 188	5.7	4 888	6.7
	购车 24 个月且行驶里程 60 000 千米内	2 388	3.3	4 383	6.0	5 088	7.0

显然,为鼓励用户尽早购买延保服务产品,车辆越新,延保服务的价格就越低。各个汽车生产厂家和汽车 4S 专卖店应制订合理的销售策略,提高客户购买延保服务的欲望,提升客户黏性。

任务实施

实施步骤:学生每 5～6 人为一组,每组选出一名组长,负责协调组内成员的工作。每组需完成以下任务。

(1)认真研读教师提供的案例情景。
(2)根据案例设计增值服务优惠套餐。
(3)研讨优惠服务套餐的销售话术。
(4)小组内派代表汇报。
(5)填写任务工单(表 8-5),总结实训经验和收获。

表 8-5　任务工单

任务：增值服务优惠套餐设计		实训时长：30 min	
组名	班级	学号	
实训日期	教师	评分	
实训内容　　××汽车 4S 专卖店增值服务优惠套餐设计			

案例：
本月 26 日是××汽车 4S 专卖店建店 10 周年纪念日，公司将组织一次盛大的店庆团购会。总经理召集市场部、销售部、售后服务部和客户关怀部开会，要求尽快设计一个购车增值服务优惠套餐（包括汽车用品和美容服务、汽车延保服务）。要求套餐报价不超过 2 万元，成本不超过 1.2 万元。

讨论内容：
1. 增值服务套餐内容和价格：

2. 增值服务套餐销售话术：

总结实训经验和收获：

模块八　汽车营销延伸

141

任务考核/评价

评价表见表8-6。

表8-6 评价表

评分项	评分子项目	评分细则	自我评价	小组评价	教师评价
纪律 （5分）	1. 不迟到； 2. 不早退； 3. 学习用品准备齐全； 4. 积极参与课程问题思考和回答； 5. 积极参与教学活动	未完成1项扣1分，扣分不得超过5分			
职业素养 （15分）	1. 积极与他人合作； 2. 积极帮助他人； 3. 遵守礼仪礼节； 4. 做事态度严谨认真； 5. 具备劳动精神，能主动做到场地的6S管理	未完成1项扣5分，扣分不得超过15分			
专业技能 （40分）	1. 是否包含基本新车装潢业务，如贴膜、真皮等； 2. 是否包含功能性升级内容； 3. 是否包含汽车精品； 4. 是否包含清洗美容业务； 5. 是否包含漆面养护业务； 6. 是否包含汽车延保业务； 7. 推荐话术是否能从客户角度出发，贴合客户的需求	未完成1项扣6分，扣分不得超过40分			
工具及设备的使用 （20分）	1. 能正确使用汽车用品和美容服务套餐一览表； 2. 能正确使用汽车延保产品一览表	未完成1项扣10分，扣分不得超过20分			
任务工单填写 （20分）	1. 字迹清晰； 2. 语句通顺； 3. 无错别字； 4. 无涂改； 5. 无抄袭； 6. 内容完整； 7. 回答准确； 8. 有独到的见解	未完成1项扣5分，扣分不得超过20分			

模块九
汽车交车服务

模块介绍

新车交付是客户最兴奋的时刻，而此时销售顾问的注意力往往已经转向其他意向客户，两者之间的落差非常容易造成客户不满。因此，销售顾问必须确保客户有愉快的交车体验，提高客户满意度，并强化客户对经销商的信任，为今后的长期合作奠定良好的基础。本模块将一起学习汽车交车服务的全过程。

任务一
交车准备

任务描述

众所周知，一个木桶能装多少水是由其最短的一块木板决定的。交车服务环节经常成为汽车经销商销售流程中满意度最低的短板。汽车销售顾问应当充分了解客户提车时的心理和期望得到的服务，做好交车前的各项准备工作，为后续顺利交车打下良好的基础。

任务目标

1. 了解交车区布置要点。
2. 掌握交货前检验（PDI）整备技巧。

任务分析

要完成本学习任务，可以按照以下流程进行。

1. 进行 PDI 整备操作。
2. 对 PDI 整备中发现的各种情形进行分析。

完成本学习任务需要准备的工作场景和设备如下。

1. 汽车销售工作包，内含汽车销售合同、交车确认单、名片、笔、便笺纸等。
2. 汽车清洁用品，如轮胎光亮剂、皮革清洁剂、车蜡等。
3. 交车仪式所需物品，如相机、欢迎牌、小横幅、鲜花、气球、花炮、红绸等。
4. 其他需要用到的工具。

完成本任务所需的知识详见后续相关知识中的各知识点。

相关知识

知识点一　交车区及销售顾问的准备

一、交车区布置

交车区应设立在来店及展厅客户可明显看见的区域，最好位于室内，至少有顶棚及三面落地玻璃遮挡；交车区应有品牌的标志背景板、简单明了的交车流程看板、交车客户姓名、预定时间告示牌、洽谈桌椅、饮料供应、精品及绿化点缀等，如图 9-1 所示。

交车前的准备

图 9-1　干净整洁的交车区

交车区周围环境应干净整洁，如门店硬件条件有限，交车区只能放在室外，也应做到地面硬化，清除周围杂物，并搭建交车棚。同时，在交车棚内做相应布置。如图 9-2 所示为不合格的交车区。

图 9-2 不合格的交车区

二、车辆到店前后销售顾问的准备

1. 车辆到店前

客户在销售门店定车以后，提车的方式有以下几种：第一种是销售门店有现车，客户办理手续后直接提车；第二种是门店有现车，但客户需要办理分期付款等手续，或客户希望在一个吉利的日期提车；第三种是门店没有现车，客户需要等待车辆到店后才能提车。

当交车期较长时，销售顾问应让客户随时了解车辆信息。如果交车日期推迟，销售顾问应第一时间联系客户，取得客户谅解并再次约定交车日期。

2. 车辆到店后

车辆到店并经过 PDI 确认无问题后，销售顾问应及时和客户联系预约交车时间，预约时应提及以下事项。

（1）告知客户交车的流程和所需占用的时间，征得客户的同意，以客户方便的时间作为约定交车时间。

（2）再次与客户确认一条龙服务/衍生服务的需求及完成状况。

（3）提醒客户带齐必要的文件、证件和尾款，并再次确认付款方式。

（4）询问客户交车时将与谁同来，并鼓励客户与亲友一起前来。

（5）交车前一日事先联系好售后服务部门、展厅经理、销售主管，做好准备迎接客户的到来。

（6）约定时间前 15 min 再次致电客户确认，以做好接待的准备。

（7）重要客户可安排车辆接送。

（8）销售顾问应准备好相机、鲜花、花球、气球、花炮等物品，并准备好统一的交车客户识别标志、欢迎牌、客户喜欢的 CD 等。

知识点二　PDI 整备

PDI 整备又称售前整备，是交车准备最重要的环节。PDI 整备的内容主要有以下方面。

一、外部检查

PDI 技师对车辆进行环车检查，如发现外观瑕疵，应在《销售服务店车辆检查单》（表 9-1）中的外观检查标示图上用符号标示说明；常用符号有 X（划痕）、U（凹凸不平）、Y（间隙不均）、B（部件损坏）、R（修理）、C（更换）等。

外部检查的部位和内容包括车身凹凸（含前后保险杠）；漆面色差亮度、漆面划痕；后视镜、前后大灯、雾灯、转向灯；后保险杠下方塑料外围；门缝隙/开关密封/门灯/锁扣/门边；前后风挡/车窗玻璃；雨刮片；车轮罩装饰件（翼子板下方部位）；轮胎气嘴、轮胎螺栓、轮胎、轮毂；挡泥板等。

二、随车附件检查

随车附件检查包括遥控钥匙、点烟器、烟灰缸、三角警示牌、备胎、拖车牵引钩、车轮套筒扳手、千斤顶和杆子、用户手册、汽车燃料消耗量标识等。

三、内部检查

内部检查包括行李箱开关/灯和地垫；仪表盘外观（含 FM/MP3/CD 机表面）；前后座椅外观、护件、地垫；方向盘；后视镜/遮阳板/化妆镜/顶棚（天窗）；门槛/门内饰镶边；油箱盖开关及燃油标牌；后备箱开关及后备箱支杆/联锁机构；前后座安全带；中央门锁及遥控装置/儿童锁；室内各照明灯；离合器；制动器（含驻车制动）；油门踏板；收音机/CD/导航操作检查；扬声器和喇叭；时钟设定和检查等。

四、发动机启动状态下检查

发动机启动状态下检查包括检查所有警告灯；手刹/发电机/制动/AT 挡位显示等检查；怠速状况（用 WDS 检测）；前后清洗器/雨刮器、大灯清洗工作状况；方向指示灯与自动解除；侧灯/大灯总成/雾灯/仪表灯；烟缸及杂物等照明灯；点烟器工作状况；天窗操作；后窗除雾器与指示灯；空调模式选择；电动及电热后视镜；电动车窗、折叠车顶操作检查；座椅加热器；倒车雷达传感器、蜂鸣器检查等。

五、发动机舱检查（发动机熄火状态）

发动机舱检查（发动机熄火状态）包括发动机盖开闭/锁扣/铰链；电瓶极柱连线的紧固状况；电解液高度；主地线；保险丝和备用保险丝；液压管路装配/连接件及联动装置；液压离合器的液位；发动机油位；冷却液位及水质；助力转向液位；AT/MT 油位/制动液位；玻璃洗涤液位；传动皮带松紧状态；油门控制拉线及联动装置等。

六、底盘检查

底盘检查包括轮胎螺母扭矩；轮胎压力（含备胎）；底盘各部位渗漏/松动/破损检查；悬架固定与螺栓；差速器油位等。

七、路试及路试后检查

路试及路试后检查包括驾驶性能/动力性能检测；NVH（发动机舱/车内/悬架/制动）；制动系统（含手刹）；方向盘自动回正/角度调整；AT挡位变换（含换挡拨片操作）；仪表板各表显示/警告灯等；安全带紧急预紧测试；自适应前照灯（AFS）检查；检查有无故障显示；冷却风扇；轮胎压力；怠速和排放系统；各种油液气的渗漏情况；热启动性能；ABS性能（检测仪检测）等。

八、日常在库车辆检查

日常在库车辆检查包括检查鸟粪、灰尘等；漆面外观等；油液漏损情况；电瓶亏损情况；移动车辆检查；轮胎压力等。

九、销售交车检查

销售交车检查包括外观和车内彻底清洁清洗；电瓶负载测试/轮胎压力调整；安装附属装置保险丝；各种选装件检查及相关部件功能检查；随车附件确认；拆除车内外各类防护套具；添加燃油（如有必要）；必要时添加玻璃水（特别是北方冬天）；时钟调整准确等。

汽车销售服务店应配备两名具有检验资质的PDI技师，在交车前一天对车辆进行PDI整备，确保车况良好。其中整备内容一到八由PDI技师和库管员完成，整备内容九由销售顾问完成。所有整备检查结果应在《销售服务店车辆检查单》（表9-1）中记录，检查单在整备检查人员签字后存档。将整备好的车辆停放在打扫干净的交车区内。

任务实施

实施步骤： 学生每5～6人为一组，每组选出一名组长，负责协调组内成员的工作。每组需完成以下任务。

（1）认真研读教师提供的案例情景。

（2）根据案例讨论销售顾问在交车环节容易出现的错误。

（3）研讨处理交车准备过程中发现的各种问题的解决方法。

（4）安排实训车辆，以小组为单位，结合PDI检查表，对实训车辆进行PDI整备，并填写《销售服务店车辆检查单》。

（5）小组内派代表汇报。

（6）填写任务工单（表9-2），总结实训经验和收获。

表 9-1　销售服务店车辆检查单

经销商名称：	运单号：	到车日期：	卡车车牌号：
车型名称：	车型代号：	VIN号：	里程数：

（没问题打 ✓，有问题打 △，修复后改为 ✓，并在右边简图上标注和详细填写下边问题记录栏）

1-A 外部检查	15 倒车雷达传感器、蜂鸣器检查
1 车身凹凸（含前后保险杠）	2-E 发动机部分检查（静态）
2 漆面色差亮度、漆面划痕	1 发动机盖开闭/锁扣/铰链
3 后视镜、前后大灯、雾灯、转向灯	2 电瓶极柱连线的紧固状况
4 后保险杠下方塑料外围	3 电解液高度
5 门缝隙/开关密封/门灯/锁扣/门边	4 主地线
6 前后风挡、车窗玻璃	5 保险丝和备用保险丝
7 雨刮片损坏/变形	6 液压管路装配/连接件及联动装置
8 车轮罩装饰件（翼板下方部位）	7 液压离合器的液位
9 轮胎气嘴螺帽	8 发动机油位
10 轮胎、轮毂划痕/损伤/变形	9 冷却液位及水质
11 挡泥板	10 助力转向液
1-B 随车附件	11 AT/MT油位/制动液位
1 遥控钥匙	12 玻璃洗涤液位
2 合格证、车辆一致性证书	13 传动皮带松紧状态
3 点烟器（1个）	14 油门控制拉线及联动装置
4 烟灰缸	2-F 底盘检查
5 警示牌（1个）	1 轮胎螺母扭矩
6 备胎	2 轮胎压力（含备胎）
7 拖车牵引钩（1个）	3 底盘各部位渗漏/松动/破损检查
8 车轮套筒扳手（1个）	4 悬架固定与螺栓
9 千斤顶及千斤顶杆（各1个）	5 差速器油位
10 用户手册、通信录及快速操作手册	
11 汽车燃料消耗量标识	2-G 路试检查
1-C（1）内部检查	1 驾驶性能/动力性能检测
1 行李箱开关/灯和地垫	2 NVH（发动机仓/车内/悬架/制动）
2 仪表盘外观（含FM/磁带/CD机表面）	3 制动系统（含手刹）
3 前后座椅外观、护件、地垫	4 方向盘自动回正/角度调整
4 方向盘	5 A/T挡位变换（含换挡拨片操作）
5 后视镜、遮阳板/化妆镜/顶棚（天窗）	6 仪表板各表显示/警告灯等
6 门槛/门内饰镶边	7 安全带紧急预紧测试
2-C（2）内部检查	8 自适应前照灯（AFS）检查
1 油箱盖开关及燃油标牌	2-H 路试后检查
2 后备箱开关及后备箱支杆/联锁机构	1 检查有无故障显示
3 前后座安全带	2 冷却风扇
4 中央门锁及遥控装置/儿童锁	3 轮胎压力
5 室内各照明灯	4 怠速和排放系统
6 离合器	5 各种油液气的渗漏情况
7 制动器（含驻车制动）	6 热启动性能
8 油门踏板	7 ABS性能（检测仪检测）
9 收音机/CD/导航操作检查	3 销售交车检查
10 扬声器和喇叭	1 外观和车内彻底清洁清洗
11 时钟设定和检查	2 电瓶负载测试/轮胎压力调整
2-D 发动机启动状态下检查	3 安装附属装置保险丝
1 所有警告灯检查	4 各种选装件检查及相关部件功能检查
2 手刹/发电机/制动/AT挡位显示等检查	5 随车附件确认
3 怠速状况（用WDS检测）	6 拆除车内外各类防护套具
4 前后清洗器/雨刮器、大灯清洗工作状况	7 添加燃油（如有必要）
5 方向指示灯与自动解除	8 必要时添加玻璃水（特别是北方冬天）
6 侧灯/大灯总成/雾灯/仪表灯	9 时钟调整准确
7 烟缸及杂物等照明灯	4 补充（日常库存）检查项目
8 点烟器工作状况	1 鸟粪、灰尘等
9 天窗操作	2 漆面外观等
10 后窗除雾器与指示灯	3 油液漏损情况
11 空调模式选择	4 电瓶亏损情况
12 电动及电热后视镜	5 移动车辆检查
13 电动车窗、折叠车顶操作检查	6 轮胎压力
14 座椅加热器	

外观检查标示图

标示说明：
X：划痕　　U：凹凸不平　　Y：间隙不均
B：部件损坏　R：修理　　　C：更换

其他问题记录

车况检查结果确认

1 类项目确认	
库管员签字：	司机签字：
日期：	日期：
2 类项目确认	
PDI技师签字：	库管员签字：
日期：	日期：
3 类项目确认	
PDI技师签字：	库管员签字：
日期：	日期：
4 类项目确认	
库管员签字：	
日期：	

第一联：服务店（派工）　　第二联：服务店（库管员）　　第三联：物流公司

表 9-2　任务工单

任务：交车准备				实训时长：40 min	
组名		班级		学号	
实训日期		教师		评分	
实训内容　交车准备					

案例：

提车日的一盆凉水

李先生一家人很开心，因为不久前销售顾问小王通知他，他在某 4S 专卖店订购的车辆到店了。李先生特地选了个好日子，和妻子一起请了假去提车。

为了这一天，李先生做了很多准备工作。他逛了很多汽车论坛，还下载了提车攻略，打印出来有厚厚的一叠。

到了 4S 专卖店，销售顾问小王好像有其他的事，匆匆忙忙带李先生看了一下车子就催着李先生付全款。李先生拿出提车攻略打算逐条核对。小王不高兴地说："李先生，我们的车都是流水线生产出来，经过检测合格才能出厂。都像您这样，我一整天只能交一辆车了。"王先生和妻子对视一眼，感觉被兜头浇了一盆凉水，满心欢喜都消散了

讨论内容：

1. 结合案例，讨论并总结销售顾问小王为何会在交车环节犯这样的错误。

2. 本该在明天交车的车辆因物流公司卸车时将右后视镜刮伤了，而公司没有同款车库存。请问销售顾问将如何处理？

3. 因公司财务人员疏忽，未能及时赎出明天要交车辆的合格证。请问销售顾问将如何处理？

4. 安排实训车辆，以小组为单位，结合 PDI 检查表，对实训车辆进行 PDI 整备，并填写《销售服务店车辆检查单》（表 9-1）。

总结实训经验和收获：

任务考核/评价

评价表见表 9-3。

表 9-3 评价表

评分项	评分子项目	评分细则	自我评价	小组评价	教师评价
纪律 （5分）	1. 不迟到； 2. 不早退； 3. 学习用品准备齐全； 4. 积极参与课程问题思考和回答； 5. 积极参与教学活动	未完成1项扣1分，扣分不得超过5分			
职业素养 （15分）	1. 积极与他人合作； 2. 积极帮助他人； 3. 遵守礼仪礼节； 4. 做事态度严谨认真； 5. 具备劳动精神，能主动做到场地的6S管理	未完成1项扣5分，扣分不得超过15分			
专业技能 （40分）	1. 不得欺瞒客户； 2. 正确解决瑕疵车的交付问题； 3. 正确填写《销售服务店车辆检查单》上的车辆信息，不得遗漏； 4. 正确填写《销售服务店车辆检查单》上的各项目检查结果； 5. 签名及日期不得遗漏	未完成1项扣8分，扣分不得超过40分			
工具及设备的使用 （20分）	1. 能正确使用销售工具包中的工具； 2. 能正确使用展车和产品宣传资料	未完成1项扣10分，扣分不得超过20分			
任务工单填写 （20分）	1. 字迹清晰； 2. 语句通顺； 3. 无错别字； 4. 无涂改； 5. 无抄袭； 6. 内容完整； 7. 回答准确； 8. 有独到的见解	未完成1项扣5分，扣分不得超过20分			

任务二 新车交付

任务描述

新车交付是客户在购买过程中最兴奋的环节。汽车销售服务店应将交车流程进行标准化，规范销售顾问的行为。销售顾问应能正确协助客户办理交车手续，完成新车交付流程。

任务目标

1. 掌握新车交付流程。
2. 能够正确填写《交车确认单》。

任务分析

要完成本学习任务，可以按照以下流程进行。
1. 结合《交车确认单》，了解新车交付全流程。
2. 分组讨论，完善车辆交付话术，并进行新车交付演练。

完成本学习任务需要准备的工作场景和设备如下。
1. 汽车销售工作包，内含汽车销售合同、交车确认单、车辆合格证复印件、车辆购置费用清单、PDI检查表、名片、笔、便笺纸、平板电脑（如有）等。
2. 其他需要用到的工具。

完成本任务所需的知识详见后续相关知识中的各知识点。

相关知识

知识点 交车流程

新车交付流程分为七个步骤。

一、交车当天的接待

客户到达前 1 h，销售顾问应将欢迎牌放置在展厅内门口的醒目位置，并在门外恭迎客户。销售顾问热情迎接客户，恭喜客户提车，为车主佩戴交车客户识别标志。每位销售顾问见到交车客户都应该恭喜祝贺，如图9-3所示。

- 销售顾问热情愉悦地迎接客户，恭喜客户本日提车，为车主佩戴交车客户识别标志。

参考话术
"××先生，欢迎光临，恭喜您今天来提车。"

参考话术
"欢迎光临，恭喜您提车！"

- 每位销售顾问见到交车客户都要恭喜祝贺。

参考话术
"××先生，我们下面要进行交车活动，时间大约为30 min，我会先把文件交给您，再到车旁进行说明和确认，最后会为您举行交车仪式，您看这样行不行？"

图9-3 交车日接待标准话术

销售顾问可邀请客户先到交车区查看新车，再引导客户到洽谈桌，提供饮料，并告知客户交车流程和所需要的时间。销售顾问与客户确认费用清单，并视情况开展周边业务推荐，如保险、汽车用品和美容服务、上牌服务、延保服务等。如果客户接受周边业务项目，应将相关费用计入《车辆购置费用清单》。

二、实车说明

销售顾问将客户带到新车旁，为客户开启车门，请客户坐到驾驶座上，自己坐到副驾驶座。销售顾问指导客户对车辆内外后视镜、座椅位置进行调整。

销售顾问结合《用户使用手册》，针对重点项目向客户介绍如何使用新车，并依据客户对车辆的了解程度就操作方法进行说明。

不少品牌配备有车辆操作说明的CD；还有一些品牌提供二维码。销售顾问可指导客户扫描二维码，按照电子版的用户指南进行车辆实车说明和试操作。

三、交车确认

交车确认的目的是确认交接事项，避免日后纠纷。销售顾问向客户移交物品和文件，包括《用户使用手册》、购车发票、保险手续等。

销售顾问将客户带至新车旁，结合《交车确认单》与客户进行逐一核对，对车辆、文件、精品等项目作全面确认，并请客户签名（表9-4）。销售顾问准备资料袋，将所有文件、手册、票据等放入资料袋，交给客户。

四、售后服务说明

销售顾问将服务顾问介绍给客户,进行工作衔接。服务顾问结合《用户使用手册》向客户介绍售后服务相关细节,主要包括:

(1)向客户解释车辆检查、维护的日程。
(2)重点提醒首次保养的服务项目和千米数及免费维护项目。
(3)说明保修内容、保修范围及保修期限。
(4)说明发生故障时的联系方法和手续。
(5)介绍售后服务部门的营业时间、服务流程及本品牌的服务网络。

五、客户关怀导入

销售顾问将客服专员介绍给客户,客服专员引导客户到车间和客户休息区参观并做介绍。客服专员对客户进行面访,邀请其对销售顾问的工作进行评价。不少汽车销售门店推出多对一的客户专享服务群。客户专员可在此时建立该客户的专属服务群,并邀请客户进群。长安欧尚品牌车主专享服务群如图9-4所示。

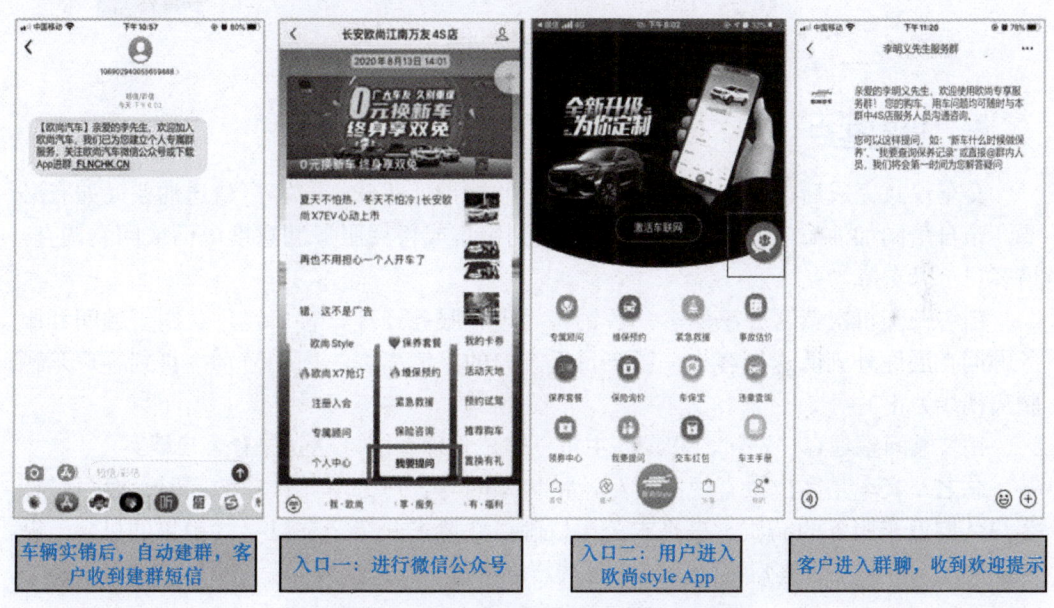

| 车辆实销后,自动建群,客户收到建群短信 | 入口一:进行微信公众号 | 入口二:用户进入欧尚style App | 客户进入群聊,收到欢迎提示 |

图 9-4　长安欧尚品牌车主专享服务群示意

六、交车仪式

热情洋溢的交车仪式可以在客户最兴奋的时刻激发其热情,开始建立并保持与销售服务店的长期关系。

销售顾问介绍销售经理、展厅主管、服务经理、客户经理,并邀请其参加交车仪式。如遇 VIP 客户交车,需总经理出席。所交新车上可放置花球或扎上彩带。销售顾问用托盘准备好车钥匙、CD 和鲜花;销售顾问向客户献花并恭喜客户。销售经理亲自将车钥匙交给客户,并在车前合影留念。销售部有空闲的工作人员及服务顾问应列席交车仪式并鼓掌表示祝贺,如图9-5所示。客户经理可邀请客户参加新车主驾驶养护沙龙等活动。

图 9-5　交车仪式

七、送别客户

交车仪式完成后，销售顾问取下车辆上的绸带、花球，向客户赠送油票（如有必要，亲自陪同加油）。告知客户将来可能收到销售或售后服务满意度电话或问卷调查，请客户予以支持。

销售顾问再次恭喜并感谢客户。销售经理、服务经理、客户经理、销售顾问和服务顾问在展厅外列队送别客户，微笑目送客户的车辆离去，挥手道别一直到客户车辆驶离视线为止。

销售顾问整理客户资料，并录入主机厂客户管理系统，建立保有客户档案。

总之，交车是客户最喜悦的时刻，销售顾问与客户分享其快乐的同时，要尽量让客户认同汽车服务的品质，提高本公司口碑；并请求介绍亲友以寻找销售的机会。贴心的交车服务是开启客户终生价值的开端，值得每一个销售顾问重视。

任务实施

实施步骤：学生每 5～6 人为一组，每组选出一名组长，负责协调组内成员的工作。每组需完成以下任务。

（1）练习填写《交车确认单》（表9-4）。

（2）研讨正确填写《交车确认单》的意义以及如不能正确填写《交车确认单》将产生的问题。

（3）以小组为单位进行车辆交付演练。

（4）填写任务工单（表9-5），并拍摄车辆交付演练视频。

表9-4 交车确认单

	客户信息：					车辆信息：		
姓名：			联系地址：			型号：		
身份证号：			邮政编码：			VIN码：		
联系电话：						车牌号※：		

确认要项	确认细项	确认结果	备注	确认要项	确认细项	确认结果	备注
费用单据	购车发票			内部确认	内部清洁【烟灰缸、杂物盒、座椅等】		
	保险单及保费发票※				检查内饰颜色、无划痕、污渍		
	精品发票※				确认电气装置能够正常工作		
	购置税缴费凭证※				设定收音机频道和时钟		
随车文件	用户手册			车辆功能完备与操作说明确认	门窗开关与上锁（天窗、儿童安全锁）		
	快速操作手册				座椅调节（方向调节、后排折叠）		
	全国4S专卖店通信录				方向盘调节（方向高度/角度调节）		
	合格证				内外后视镜调整		
	货物进口证明书【进口车】				钥匙及车辆发动		
	商检单【进口车】				仪表盘指示灯说明		
	一致性证书				挡位说明		
	行驶证※				空调系统操作		
	注册登记证※				音响系统操作		
	检字※				组合开关的操作方法（大灯、雾灯、转向灯、紧急指示灯、雨刮器、定速巡航控制等）		
随车工具移交	备胎						
	轮胎扳手				各类开关的操作方法和位置指示（发动机盖、行李箱盖、燃油箱盖）		
	千斤顶						
	点烟器				发动机舱操作（机舱盖开启、相关油/水的检查与添加）		
	车钥匙共＿＿把						
外观确认	车辆外观清洁						
	检查车身无划痕、污渍						
	检查玻璃无划痕、污渍						
	检查轮胎、车轮无划痕污渍						
售后及保险说明	车辆维护保养说明			加装精品※			
	售后服务及保险说明						
	已讲解质保条例和国家三包条款						
	已宣讲三包凭证（用户手册第＿＿页）						
	整车保修期（3年或10万千米），以先到者为准						
	三包有效期（2年减5万千米），以先到者为准						
	用品保修期详见质保卡						

备注说明：

客户签字：　　　　　　　　　　　　　　　　　　　　　　　销售顾问签字：
　　　　　　　　　　　　　　　　　　　　　　　　　　　　销售经理签字：

表 9-5　任务工单

任务：新车交付演练				实训时长：40 min	
组名		班级		学号	
实训日期		教师		评分	

<table>
<tr><td colspan="2">实训内容 1　正确填写《交车确认单》</td></tr>
<tr><td colspan="2">

案例：
　　《交车确认单》是新车交付服务中最重要的文件之一。正确填写《交车确认单》，可以帮助销售顾问完成标准交车流程，确保交给客户的车辆符合新车销售标准，且手续齐备。同时，客户也可以通过《交车确认单》逐一核对车辆状况是否良好，购车手续是否有遗漏等。为掌握交车流程，请练习填写《交车确认单》（表 9-4）

</td></tr>
<tr><td colspan="2">

讨论内容：
1. 请回答《交车确认单》中各项内容正确填写的必要性。

2. 如不能正确填写《交车确认单》，将产生什么样的后果？

</td></tr>
<tr><td>实训内容 2　车辆交付演练</td><td>配套设备与工具标准</td></tr>
<tr><td>

1. 指导教师对全班学生进行分组，5～6 人为一个小组，每个小组推选一位组长。
2. 各小组成员进行角色分配，分别饰演客户（两人）、销售顾问、服务顾问、客服专员、销售经理、总经理。各小组分别讨论完成车辆交付环节的实操演练，并拍摄交车流程实操视频

</td><td>

1. 交车区；
2. 洽谈桌；
3. 新车交付话术

</td></tr>
</table>

任务考核/评价

评价表见表9-6。

表9-6 评价表

评分项	评分子项目	评分细则	自我评价	小组评价	教师评价
纪律 （5分）	1. 不迟到； 2. 不早退； 3. 学习用品准备齐全； 4. 积极参与课程问题思考和回答； 5. 积极参与教学活动	未完成1项扣1分，扣分不得超过5分			
职业素养 （15分）	1. 积极与他人合作； 2. 积极帮助他人； 3. 遵守礼仪礼节； 4. 做事态度严谨认真； 5. 具备劳动精神，能主动做到场地的6S管理	未完成1项扣5分，扣分不得超过15分			
专业技能 （40分）	1. 交车流程中使用正确的礼仪； 2. 能正确说明新车主要操作的事项； 3. 能正确填写《交车确认单》； 4. 能正确进行售后服务说明； 5. 能及时导入客户关怀服务； 6. 能正确完成交车仪式； 7. 能礼貌送别客户	未完成1项扣6分，扣分不得超过40分			
工具及设备的使用 （20分）	1. 能正确使用销售工具包中的工具； 2. 能正确使用展车和产品宣传资料	未完成1项扣10分，扣分不得超过20分			
任务工单填写 （20分）	1. 字迹清晰； 2. 语句通顺； 3. 无错别字； 4. 无涂改； 5. 无抄袭； 6. 内容完整； 7. 回答准确； 8. 有独到的见解	未完成1项扣5分，扣分不得超过20分			

模块十
汽车售后跟踪

模块介绍

从客户新车交车起,到首保前的这三个月时间,对于客户关系的维护是非常重要的。这个阶段客户刚刚提到车,既有刚买到新车的兴奋,又有对新车使用和服务不了解的不安。因此,在这个阶段,对客户进行售后跟踪,了解客户用车的感受,帮助客户解决用车过程中存在的问题,对于提升客户满意度和忠诚度有着重要的作用。本模块将一起学习如何开展汽车售后跟踪。

任务一 客户投诉处理

任务描述

随着汽车行业的快速发展和消费者需求的多样化,客户满意度成为衡量企业成功与否的重要指标。然而,在实际运营过程中,不可避免地会遇到客户投诉。有效处理客户投诉,不仅能修复客户关系,还能帮助企业发现问题、提升服务质量。

任务目标

1. 了解客户投诉产生的原因。
2. 掌握客户投诉处理的具体流程。
3. 能够完成《客户投诉处理追踪表》。

4. 能够对不同类型的客户投诉制订相应的处理方案。

任务分析

要完成本学习任务，可以按照以下流程进行。
1. 学生以小组为单位，进行客户投诉的应对方案讨论。
2. 给出具体的客户投诉案例，让学生制订处理方案。

完成本学习任务需要准备的工作场景和设备如下。
1. 模拟接到客户投诉的场景。
2. 准备好投诉客户的基本资料。
3. 其他需要用到的工具。

完成本任务所需的知识详见后续相关知识中的各知识点。

相关知识

知识点一 客户投诉处理流程

一、客户投诉的定义

客户投诉是指客户购买产品，在使用过程中发现问题后，向企业进行申诉。如果申诉没有得到有效的重视，没有得到满意的回复，客户会进一步产生"讨个说法"的行为，如拨打投诉电话、向上级领导反映情况等。投诉的定义为客户因对产品或服务的不满而向有关部门或人员进行申诉。投诉一般会产生两种情况：一种情况是企业妥善解决了客户的投诉，客户会再次购买该品牌产品；另一种情况是如果问题没有得到解决，可能会造成客户流失。

二、客户投诉产生的原因

客户投诉产生的原因有很多种，但一般来说，可以归纳为以下八种。
（1）产品质量问题。
（2）售后服务维修质量。
（3）客户服务人员工作的失误。
（4）店员及其他工作人员服务态度和质量问题。
（5）客户对于企业经营方式的不认同，如配件价格。
（6）客户对于企业的要求或许超出企业对自身的要求。
（7）客户对企业服务的衡量尺度与企业自身不同。
（8）客户由于自身素质修养或个性原因，提出对企业的过高要求无法得到满足。

三、客户投诉处理标准流程

面对客户投诉，服务人员需要以一套标准的处理流程来应对，具体流程如图 10-1 所示。

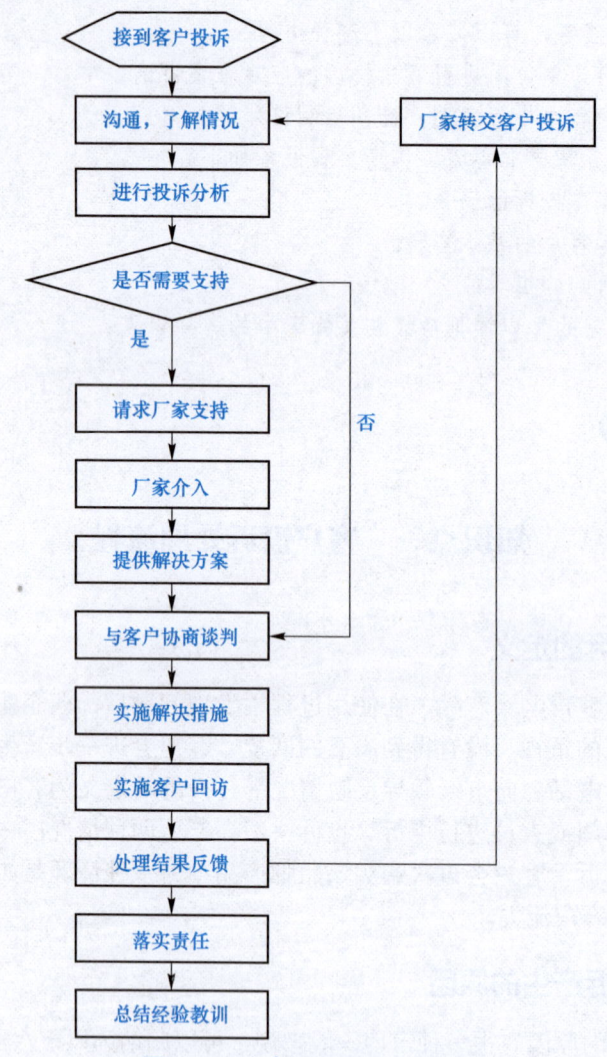

```
接到客户投诉
    ↓
沟通，了解情况 ← 厂家转交客户投诉
    ↓
进行投诉分析
    ↓
是否需要支持
  是↓      否→
请求厂家支持
    ↓
厂家介入
    ↓
提供解决方案
    ↓
与客户协商谈判
    ↓
实施解决措施
    ↓
实施客户回访
    ↓
处理结果反馈
    ↓
落实责任
    ↓
总结经验教训
```

图 10-1　客户投诉处理标准流程

知识点二　客户投诉处理策略

一、客户投诉处理方法

（一）填写《客户投诉处理追踪表》

受理客户投诉时，要认真填写《客户投诉处理追踪表》（表 10-1）中的客户信息、投诉详情、投诉类别等信息。

表 10-1 客户投诉处理追踪表

编号					投诉日期		
不合格事实	客户信息	车牌号码		车　型		联系电话	
		客户名称		行驶里程			
	类别：配件质量□　　服务质量□　　维修技术□　　价格问题□　　其他□						
	方式：电话□　　　　客户意见簿□　现场□　　　　客户调查函□　其他□						
	投诉内容： 签字（问责人）：						
维修历史查询及原因分析							
	责任部门		责任人		权责人		
处理结果	内返（外返）记录：						
	接待人		操作者		客户	同意□	不同意□
内部纠正和预防措施	管理者意见： 						
	完成期限：		权责人：				
管理者处理意见： 							

注：此表每月汇报一次，以作为员工工作表现依据之一。

××汽车销售服务有限公司

（二）及时转交《客户投诉处理追踪表》

投诉受理后，工作人员要及时将表格交给处理人，向其阐述具体内容，监督其签字确认，并及时跟踪处理结果。

（三）客户投诉处理的时限

处理客户投诉，应遵循"211原则"，即客户服务专员应在接到客户投诉后的2 h内向客户做出回复；接受投诉部门处理责任人应在1天内向客户做出答复；投诉解决后，客服专员应在1天内再次对客户进行回访，了解客户对处理结果是否满意。所谓答复，是指向客户说明问题的处理方式、进程或结果处理过程要及时、迅速、果断，不得无故推托，要保证客户满意，以避免事态的扩大。

（四）客户投诉信息传递渠道

客户投诉信息应该在企业内部通过适当的方式沟通，以使投诉处理过程能够得到充分理解和有效执行。企业可以采用多种沟通形式，如电话、面谈、通知、会议、剪报、内部邮件等，将投诉信息及时准确地传递到相关部门和人员，包括投诉当事人、责任部门、技术支持部门、管理部门、主管领导等。此外，内部投诉信息传递系统还应当包括有关客户投诉行为管理的体制建设、例会等。

1. 客户投诉处理信息传递的原则

处理客户投诉应先由投诉所涉及的公司基层正式员工进行处理。受理范围超出职能权限后，转交上级职能人进行处理；由总部转来的客户投诉必须由汽车销售服务公司总经理安排进行处理；在投诉信息转交过程中应用首问负责制，全程负责处理过程中的沟通和协调。公司在实行首问负责制时应注意如下要点：

（1）首问负责制就是公司最先接受外来人员和客户信息时，工作人员作为首问负责人，负责解答或指引到相关部门办事，使之迅速、快捷地得到满意的服务；或公司上级领导对下属部门和员工进行工作督办的事项须限时完成。

（2）到公司的外来办事人员或电话咨询人员，无论是否属于本部门及本人职责范围，首问负责人都必须主动、热情地接待和答复，使来访者和咨询人得到满意的效果，不得以任何借口推诿、拒绝和搪塞。

（3）首问负责部门或工作人员能当场处理的事情要当场处理，不能当场处理或不属于职责范围的事情，应该做到向对方说明原因，给予必要的解释；将来人引领到相关部门办理；或用电话与相关部门联系及时解决；转告相关的电话号码或办公地点。

（4）公司领导安排的工作，部门领导交代下属员工做好的事情，必须在要求的时限内办理完成并及时汇报，不得以任何借口无限期拒绝或不及时汇报延误工作。

（5）首问负责的工作，各部门办理后要有文字记录，办理中发生变化的，要及时进行沟通和衔接，不能不了了之，查无实据。

（6）建立首问负责制考核机制，每个季度公司对部门的首问负责制执行情况、部门对员工个人首问负责制的落实效果进行一次考核，考核结果纳入季度绩效考核一并执行。

2. 投诉汇报

当受理的客户投诉超出工作人员的能力范围时,应逐级上报直至汽车销售服务公司总经理,当受理的投诉超出汽车销售服务公司处理的能力范围时,汽车销售服务公司应在先安抚客户后,及时向大区经理汇报。

工作人员在逐级上报投诉过程中,要注意不仅要汇报投诉产生的过程、处理的难点,还应该包括投诉处理的思路和建议,因为工作人员在前期处理过程中一定做了很多努力,同时对客户的情况更加清楚。所以,在汇报时,可以适当提出自己的解决思路,这样可以提高上级领导在处理客户投诉时的效率。

(五)客户投诉的检查和总结

对每一次的客户投诉处理都要认真地进行总结,主要是分析客户投诉的原因、查找自身的不足、总结处理过程中的经验和技巧,为今后不断提高处理客户投诉的能力、改善服务态度打下坚实的基础。

所有受理过的投诉,均应保存相关证据、处理过程、客户意见等资料,这些资料将是公司的宝贵财富,是投诉处理制度升级、服务提升、员工培训等活动的重要资源。

同时,每一位参与投诉处理的员工,都应该充分认识到,每一次投诉都意味着改进的机会,每一次投诉的处理,结果都是进行改进和提升的资源,所以一份投诉处理总结报告最重要的部分就是改进和预防措施,该措施能够保证服务质量不断改进和提升。

二、客户投诉处理的要点和技巧

(一)先处理心情再处理事情

随着市场经济的不断发展,整个发展趋势呈现出以人为本的经济时代特点,客服工作就显得尤为重要,服务部门是依靠细节来塑造品牌的重要部门,要想做好服务工作,就要先处理心情,再处理事情。确切地说应该是先处理坏心情,再处理好事情。

服务工作中"客户永远是对的""客户至上,服务第一"是每一位客户服务人员的宗旨。结合公司的服务理念,用最真诚的服务,解决每一位客户的困难,应该成为售后服务部每一位工作人员的工作职责。要时时刻刻站在客户的角度考虑事情,体贴客户的心情,确保服务做到位。

对于服务部来说,带领出一个有激情的团队十分重要。富有激情的团队,也会把这种激情传递给客户,每个人都有被认可的权利,一受到表扬,心情就会好起来,工作就会有激情,有激情就能认真工作,认真工作才能让客户满意。

服务工作是各个部门环环相扣,不可脱链的,服务工作涉及技术、质量、营销等,需要众多部门和人员的配合才能做到尽善尽美,例如,一位客户来电到其他部门投诉,无论是谁接到电话,都应该客气地将投诉/抱怨记下,之后再传递给相关部门。而不能因为不是自己部门负责就敷衍塞责,防止给客户留下不好的印象。

在整个投诉处理过程中,要注意观察和倾听,不要急于辩解。在真正了解客户的诉求，真正安抚客户到位后，才能考虑下一步的处理流程。

（二）投诉原因分析与应对

相信很多管理者都深有同感，现在的客户要求越来越高了，稍有不满就会投诉，管理者和客户服务人员每天都面临着巨大的压力。的确，投诉处理不好，会影响客户与企业的关系，有些投诉甚至会损坏企业形象，给企业造成恶劣的影响。可是，投诉是坏事，也是好事，正是有客户的投诉，服务才有进步。客户的投诉是灾难也是机会，关键在于如何理解及面对，如果视客户投诉为灾难，将会每天背负沉重的压力；如果把它当作好事，投诉就是提高企业服务水平的契机，甚至会促成投诉的客户成为企业的长期忠诚客户。

1. 投诉产生的原因

投诉产生最根本的原因是客户没有得到预期的服务，即实际情况与客户期望存在着巨大的差距。即使产品和服务已达到良好水平，但只要与客户的期望有距离，投诉就有可能产生。

（1）在使用服务过程中，有人小看他们，没有人聆听他们的抱怨；
（2）因为某人的失职令他们蒙受金钱或时间的损失；
（3）他们的问题或需求得不到解决，也没有人向客户解释清楚；
（4）客户认为客户服务人员/汽车销售服务公司应该义不容辞地去解决一切。

2. 客户投诉的目的

（1）客户希望他们的问题能得到重视；
（2）客户能得到相关人员的热情接待；
（3）客户能获得优秀的服务，最终能使他们所遇到的问题得到圆满解决。

3. 客户投诉的好处

（1）投诉可以指出公司的缺点；
（2）投诉是提供继续为客户服务的机会；
（3）投诉可以促使客户成为公司的长期理性客户；
（4）投诉可以使公司产品得到更好的改进；
（5）投诉可以提高客户服务人员处理问题的能力。

4. 客户投诉的需求

（1）被关心。客户需要服务人员对他表现出关心与关切，而不是感觉不理不睬或应付。客户希望自己受到重视或善待。他们希望接触的人是真正关心他们的要求或能替他们解决问题的人，他们需要理解的表达和设身处地的关心。

（2）被倾听。客户需要公平的待遇，而不是埋怨、否认或找借口，倾听可以针对问题找出解决之道，并可以训练客户服务人员远离埋怨、否认、借口。

（3）服务人员专业化。客户需要明白与负责的应对，客户需要一个能用脑且真正为其用脑解决问题的人，一个不仅知道怎样解决，而且负责解决的人。

（4）迅速反应。客户需要迅速与彻底的反应，而不是拖延或沉默。客户希望听到"我会优先考虑处理您的问题"或"如果我无法立刻解决您的问题，我会告诉您处理的步骤和时间"。

5. 处理投诉的基本方法

（1）用心聆听。聆听是一门艺术，从中可以发现客户的真正需求，从而获得处理投诉的重要信息。

（2）表示道歉。如果没有错，就没有理由惊慌；如果真的出错，就得勇于面对，请记住客户之所以生气是因为遇上问题，漠不关心或据理力争、找借口或拒绝只会使对方火上加油，适时地表示歉意会起到意想不到的效果。

（3）仔细询问。引导客户说出问题的重点，有的放矢。

（4）表示同情。如果对方知道服务人员的确关心他的问题，也了解他的心情，怒气便会消减一半，找出双方一起同意的观点，表明服务人员是理解他的。

（5）记录问题。好记性不如烂笔头，把客户反映的重点问题记录下来，不会耽误多少时间。

（6）解决问题。探询客户希望解决的办法，找到方法，征求客户的同意，如果客户不接受，请问他有什么提议或希望解决的方法，不论是否有权决定，让客户随时清楚地了解问题的进程，如果无法解决，可推荐其他合适的人，但要主动地代为联络。

（7）礼貌地结束。当处理完投诉后，要礼貌地和客户告别。

小贴士

汽车行业客户投诉小知识

当汽车行业遇到客户投诉时，首先应立即关注并回应，确保客户感受到被重视。详细了解客户投诉的内容，分析问题产生的原因，并诚挚地向客户道歉。随后，根据投诉内容制定相应的解决方案，并与客户充分沟通，确保双方达成共识。在解决问题的过程中，保持透明和及时的信息反馈，让客户了解处理进度。问题解决后，进行回访以确认客户满意度，并感谢客户的反馈。同时，将投诉作为改进的机会，持续提升服务质量和产品质量，以减少类似问题的发生。

任务实施

实施步骤： 学生每 2~3 人为一组，每组选出一名组长，负责协调组内成员的工作。每组需完成以下任务。

（1）认真研读教师提供的案例情景。

（2）以小组为单位，结合案例，完成该案例的客户投诉处理。

（3）要求对该案例中的客户投诉进行解析，完成任务工单（表10-2）。

（4）每组指定一名组员报告本组的设计方案。

（5）指导教师对各小组的汇报进行评分和点评。

表 10-2　任务工单

任务：客户投诉处理		实训时长：30 min	
组名		班级		学号	
实训日期		教师		评分	

实训内容　客户投诉案例分析

案例：

客户投诉案例分析

2020 年 5 月 31 日（周日）10 点 30 分，奥迪厂家 400 来电，给某奥迪 4S 专卖店下发以下客户投诉任务单：

客户于上周五到奥迪 4S 专卖店修车，当时服务顾问李明预估维修费用为 11 600 元，客户无异议，同意维修。5 月 31 日，客户接到服务顾问李明的电话，通知其车辆已维修好，随时可以取车，维修费用为 13 000 元。客户表示疑问，当即询问超出的 1 400 元是什么情况？服务顾问李明告知客户是其口误，维修费用不是 13 000 元，而是 11 600 元。客户表示服务顾问在以后的业务中应该严谨一点，不要发生类似的错误。

服务顾问李明听到客户的回话后，认为客户在指责自己，立即产生不满的情绪，在电话中告知客户帮助其重新计算费用，客户中途提问，但由于服务顾问态度恶劣，根本插不上话，客户不满，表示服务顾问怎么可以用这样恶劣的态度和客户说话，服务顾问未进行解释，直接把客户电话挂断。

用户诉求：要求领导回复电话。

汽车 4S 专卖店对该投诉进行调查核实后，服务顾问李明反馈以下情况：

（1）自己并未主动挂断电话，是在没有听到客户的声音后才挂断电话，再次给客户回电，但客户电话一直无法接通。

（2）当时客户手机信号不好，于是自己在电话里多解释了几遍报价的事情，不觉得自己态度有问题。

（3）确实存在准备不足，结算单混淆，报价不严谨。

客户关怀部对通话录音进行核实，具体情况如下：

（1）服务顾问没有挂断客户电话，是在客户没有声音 30 s 的情况下才将电话挂断；

（2）服务顾问面对客户质疑时，话术生硬且言语上有质问的倾向；

（3）在通话过程中，服务顾问冒犯了客户，但不自知

讨论内容：

1. 分析投诉的起因、导火索和爆发原因。

2. 制定投诉处理的策略和具体的实施方案。

总结实训经验和收获：

任务考核/评价

评价表见表10-3。

表10-3 评价表

评分项	评分子项目	评分细则	自我评价	小组评价	教师评价
纪律 （5分）	1. 不迟到； 2. 不早退； 3. 学习用品准备齐全； 4. 积极参与课程问题思考和回答； 5. 积极参与教学活动	未完成1项扣1分，扣分不得超过5分			
职业素养 （15分）	1. 积极与他人合作； 2. 积极帮助他人； 3. 遵守礼仪礼节； 4. 做事态度严谨认真； 5. 具备劳动精神，能主动做到场地的6S管理	未完成1项扣5分，扣分不得超过15分			
专业技能 （40分）	1. 掌握客户投诉处理的流程； 2. 了解客户投诉的处理技巧； 3. 能够完成《客户投诉处理追踪表》； 4. 能够对不同类型的客户投诉制定相应的处理方案	未完成1项扣10分，扣分不得超过40分			
工具及设备的使用 （20分）	1. 能正确使用平板电脑； 2. 能正确使用网络调查工具	未完成1项扣10分，扣分不得超过20分			
任务工单填写 （20分）	1. 字迹清晰； 2. 语句通顺； 3. 无错别字； 4. 无涂改； 5. 无抄袭； 6. 内容完整； 7. 回答准确； 8. 有独到的见解	未完成1项扣5分，扣分不得超过20分			

❖ **拓展阅读**

比亚迪汽车客户服务理念

在国产汽车品牌中，有几个品牌的客户服务被广泛认为做得比较好。其中，比亚迪汽车的客户服务表现较为突出。

比亚迪汽车不仅注重产品质量和技术创新，同时也非常重视客户服务。他们建立了完善的客户服务体系，包括售前咨询、售后服务、投诉处理等各个环节，为客户提供全方位、及时有效的服务支持。比亚迪汽车的客户服务团队经过专业培训，具备较高的专业素养和服务意识，能够为客户提供专业、耐心、细致的服务。此外，比亚迪汽车还积极倾听客户的声音，通过客户反馈不断改进产品和服务，以满足客户的需求和期望。他们在客户服务方面注重细节和品质，以客户为中心，不断提高服务质量和客户满意度。

任务二

汽车客户全生命周期管理

任务描述

汽车客户全生命周期管理涉及从客户初步接触到最终离店的整个服务过程。通过精准的客户数据分析，制定个性化的服务策略，确保客户在购车、使用、维护各阶段获得满意体验。同时，建立稳固的客户关系，提供持续关怀和增值服务，以提升客户忠诚度和品牌口碑，为企业创造长期价值。

任务目标

1. 了解客户生命周期类型。
2. 掌握汽车行业客户生命周期类型。
3. 了解汽车行业客户在不同阶段管理的重点。
4. 了解汽车售后跟踪服务的流程。
5. 掌握客户回访的工作要点。

任务分析

要完成本学习任务，可以按照以下流程进行。

1. 学生以小组为单位，讨论不同时期客户的类型特点。
2. 每个小组选择一个时期的客户，撰写维系客户的具体话术。
3. 每个小组通过表演形式，模拟客户的交流场景。

完成本学习任务需要准备的工作场景和设备如下。
1. 模拟和客户沟通的场景。
2. 准备不同类型客户的基本资料。
3. 其他需要用到的工具。

完成本任务所需的知识详见后续相关知识中的各知识点。

相关知识

知识点一 客户生命周期类型

一、客户生命周期的定义

客户生命周期是指一个客户对企业而言是有类似生命一样的诞生、成长、成熟、衰老、死亡的过程。客户生命周期一般分为识别期、发展期、稳定期、衰退期四个不同阶段，如图 10-2 所示。在这四个不同阶段，交易量、价格、成本、间接效益、交易额及利润等变量的变化情况也各不相同，见表 10-4。

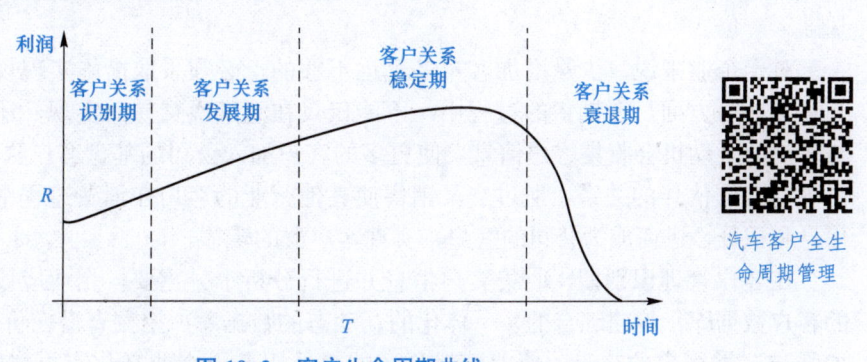

图 10-2 客户生命周期曲线

汽车客户全生命周期管理

表 10-4 客户关系发展各阶段相关变量的变化情况

变量	识别期	发展期	稳定期	衰退期
交易量	总体很小	快速增长	最大并持续稳定	回落
价格	价格较低	上升趋势	价格持续上升	开始下降
成本	最高	明显下降	继续降低至底限	回升，但低于识别期
间接效益	没有	后期开始有间接效益	明显，且继续扩大	缩小

续表

变量	识别期	发展期	稳定期	衰退期
交易额	很小	快速上升，形成期后接近最高	稳定在一个高水平上	开始下降
利润	很小/为负值	快速上升	继续上升，后期减缓	开始下降

具体到不同的行业，对生命周期有不同的详细定义，在大多数行业，所谓的客户生命周期，指的就是客户从成为公司的客户并产生业务消费开始，经过消费成长、消费稳定、消费下降，最后离开的过程。

在有的行业中，从客户成为企业的潜在客户开始，客户的生命周期就开始了，该周期可以划分为四个阶段，从前到后依次为潜在客户、新客户、老客户、新业务的新客户等。客户服务的目的就是要使这个生命周期不断地延续下去，让这个客户成为忠诚客户。

二、客户生命周期各个阶段的管理重点

（一）客户管理识别期

客户管理识别期是指双方关系的探索和试验阶段，在这一阶段，双方互相考察对方的相容性、诚意、绩效等内容，进而决定进一步的发展策略。在这个时期，企业要找准并挖掘自己的潜在客户，锁定目标客户，扩大基盘客户的总体规模，使交易型客户向关系型客户转变，为今后实施针对性的市场营销策略、实现长期盈利打下坚实的基础。

对于企业来说，少量增加客户是远远不够的，必须采取措施实现规模性的扩大才有意义。一方面，在销售的过程中，不能仅仅在意某次交易的实现，还应该充分利用与客户的互动机会收集客户信息，使更多的客户加入公司的基盘客户队伍。另一方面，注重与合作伙伴的关系，通过交叉销售使其他行业的客户在消费过程中获得本公司的信息和积分，进而成为公司的客户，实现客户群的转移。

在客户管理识别期，收集客户信息并进行分析十分重要，企业应该充分利用自己的客户数据库，构建综合的、一体化的、动态的数据库，挖掘有潜在价值的目标客户，加强与这类客户的交流，使他们对公司的会员服务、企业文化有更多的了解和认同，成为本公司的真正客户。

（二）客户管理发展期

进入客户管理发展期，客户关系会呈现出蓬勃态势。为了能给予客户最大化价值，在发展期我们要想方设法提升客户价值。通过客户价值提升策略，引导客户关系向前发展，使客户与企业之间形成互动、稳定的价值交集。

通过细分客户的方式获得的重要客户就是这一阶段企业需要特别关注的客户。具体可以采取措施进行客户价值提升，加强客户的满意度，提高他们转向竞争对手的转移成本，使他们逐渐成为公司的忠诚客户。

(三)客户管理稳定期

经过了客户管理发展期,企业已经能占据一定的客户"钱包份额"和"心理份额"。客户管理稳定期就是要致力于如何保持既得的"钱包份额"和"心理份额",使之巩固。在客户管理稳定期,客户的主要特点就是对产品需求量稳定,对价格的敏感度降低,愿意为企业提供的优质服务付费并尝试新产品、新服务,对于企业的优质服务能够形成良好口碑,能帮助企业形成外部效益。

同时,客户也会对企业提出更高的要求,表现在:对企业的技术质量要求更高,要求企业保证稳定而可靠的服务;希望能享受企业提供其他的、最好的功能性服务;希望企业提供更多的优惠与便利。其中,业务量大的客户,由于经常对相互竞争的企业的服务质量和价格加以比较,会以此向企业讨价还价。所以,稳定期是客户与企业互动价值最大的时期,但是企业为了维系高水平的客户关系,也必须花费一定成本。

(四)客户管理衰退期

衰退期是客户生命周期的最后一个阶段,也是每个客户关系发展的必经阶段。在这个阶段,客户对企业贡献的利润率逐渐降低,产品对客户的吸引力也逐步减少,最终被市场自然淘汰。

在这个阶段,企业应着眼于尽量减少客户对企业利润造成的负面影响,着眼于对衰退期客户的挽留、迁移。在实际工作中,这些阶段的区隔未必明显,因此,需要结合具体工作的实际情况来灵活应用和调整。

知识点二 汽车客户维系策略

在汽车销售和维修行业,可将客户生命周期分为新车期、保修期前期、保修期后期和保修期外。在不同生命周期的关键时点上,客户有着不同的特征和关注点,要依照客户的特征与关注点,制定标准化的维系动作,见表10-5。常规的维系动作有电话、短信、DM,爱车养护课堂,服务节,远程巡回服务,俱乐部活动,优惠促销,公益活动等形式。

一、新车客户管理

新车期(0～3个月)客户主要希望及时得到完美的车辆,车辆交接后依然保持对客户的重视,汽车销售服务公司在服务过程中能明确告知车辆成交流程安排及注意事项,并妥善办理车辆成交相关手续,及时解决客户的问题。同时,在新车交车后,会进行售后服务跟踪,了解客户用车情况,及时帮助客户解决用车过程中的困难。

(一)售后跟踪服务

对于一位购买了新车的客户来说,第一次维修服务是这位客户亲身体验4S专卖店"服务流程"的一次亲密接触机会。汽车售后跟踪服务步骤的要点是在客户购买新车之后与"首次保养"之间如何继续促进和发展双方的关系,以保证客户会返回4S专卖店进行"首保"。并通过定期跟踪,巩固与客户之间良好的关系,再通过这种关系的延长,不断地获得新的潜在的意向客户。

表 10-5　汽车客户生命周期维系表（以丰田公司为例）

维系要点	生命周期	新车期 交车日	新车期 购车后第三日	新车期 购车后第七日	新车期 购车后一个月	保修期前期 首保提醒	保修期前期 首次保养	保修期前期 10 000 km 保养	保修期前期 15 000 km 保养	保修期前期 车辆保险续保	保修期后期 20 000~30 000 km 保养	保修期后期 保险到期提醒	保修期后期 保修到期提醒	保修期外 40 000 km 以上保养	保修期外 保险到期提醒
入店	交车说明	△													
入店	保养						△	△	△		△			△	
入店	维修	△	△	△	△										
回访	电话回访		△	△	△		△	△	△		△			△	
回访	保养提醒					△									
回访	续保提醒									△	△			△	
活动	特殊节日祝贺	△	△	△	△		△	△	△		△	△	△	△	△
活动	爱车养护课堂				△										
活动	丰田关怀节				△		△	△	△		△	△	△	△	△
活动	远程巡回服务				△		△	△	△		△	△	△	△	△
增值服务	俱乐部活动	△			△		△	△	△		△	△	△	△	△
增值服务	置换服务										△	△	△	△	△

售后跟踪服务步骤如图 10-3 所示。售后跟踪服务关键步骤说明如下。

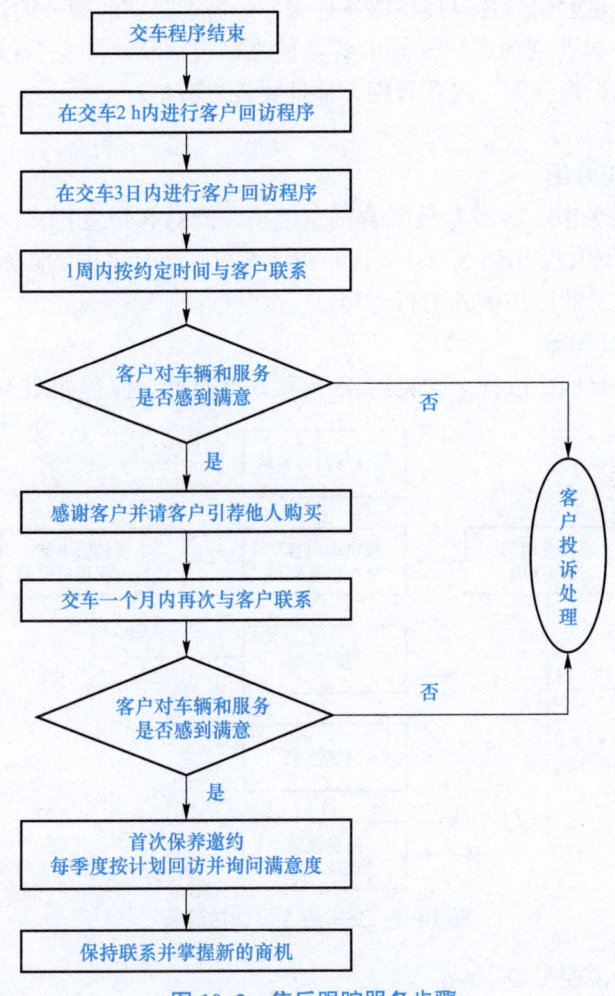

```
交车程序结束
    ↓
在交车2 h内进行客户回访程序
    ↓
在交车3日内进行客户回访程序
    ↓
1周内按约定时间与客户联系
    ↓
客户对车辆和服务是否感到满意 —否→ 客户投诉处理
    ↓是
感谢客户并请客户引荐他人购买
    ↓
交车一个月内再次与客户联系
    ↓
客户对车辆和服务是否感到满意 —否→ 客户投诉处理
    ↓是
首次保养邀约
每季度按计划回访并询问满意度
    ↓
保持联系并掌握新的商机
```

图 10-3 售后跟踪服务步骤

1. 整理客户资料、建立客户档案

客户购买车辆之后，销售顾问在 2 h 内进行回访，了解客户用车情况，应于 2 日内将客户有关情况整理制表并建立档案，装入档案袋。客户有关情况包括客户名称、地址、电话、来访日期、车辆的车型、车号、车种、首次维修保养日期、保养周期、客户希望得到的服务、客户的特殊需求等。

2. 根据客户档案资料，研究客户的需求

销售顾问根据客户档案资料，研究客户对汽车维修保养及其相关方面的服务的需求，找出"下一次"服务的内容，如通知客户按期保养、通知客户参与本公司联谊活动、告之本公司优惠活动、通知客户按时进厂维修或免费检测等。

3. 与客户进行电话、信函联系，开展跟踪服务

（1）询问客户用车情况和对本公司服务有何意见；
（2）询问客户近期有无新的服务需求需我公司效劳；

(3）告之相关的汽车运用知识和注意事项；

(4）介绍本公司近期为客户提供的各种服务，特别是新的服务内容；

(5）介绍本公司近期为客户安排的各类优惠联谊活动，如免费检测周、优惠服务月、汽车运用新知识晚会等，内容日期、地址要告之清楚；

(6）咨询服务。

（二）客户回访介绍

在售后跟踪服务中，客服专员配合汽车销售顾问对客户进行多次回访，一般包括交车后 2 h 关怀回访，交车后 3 日、7 日回访，交车一个月之内的跟踪回访及首次保养邀约。下面将对主要的回访流程进行介绍。

1. 交车后 3 日回访

(1）交车后 3 日回访流程。常见的 4S 专卖店 3 日回访流程如图 10-4 所示。

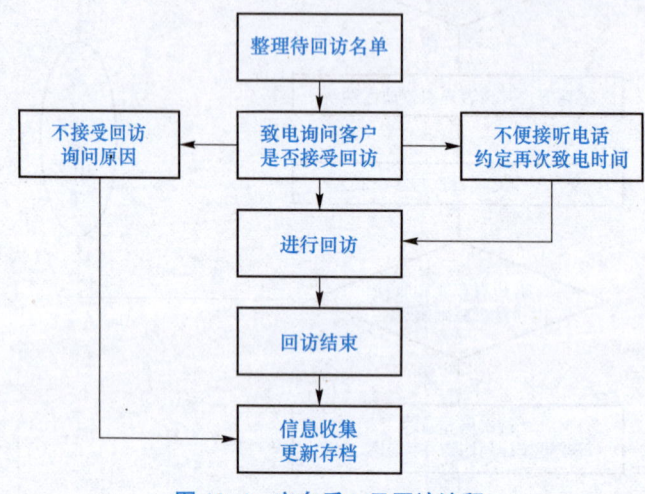

图 10-4　交车后 3 日回访流程

(2）回访流程说明见表 10-6。

表 10-6　交车后 3 日回访流程说明

流程	注意要点
回访资料准备	（1）在交车后第二天整理待回访名单； （2）整理客户信息； （3）准备回放工具； （4）梳理相关话术
进行回访	（1）按照客户希望的时间致电客户； （2）自我介绍，询问客户是否方便接受回访； （3）如果客户不便接受回访，约定后续回访时间，再次致电时询问客户日后回访时间是否需要调整； （4）致谢客户； （5）询问客户车辆使用情况； （6）遇到客户反映问题，应及时记录问题，告知客户会立即寻找相关人员解答，约定再次致电时间

续表

流程	注意要点
回访信息整理	（1）完善客户信息； （2）添加、完善客户信息卡； （3）汇总回访问题，及时将客户反馈意见上报

　　为了保证交车后3日回访的顺利进行，需要提前安排回访时间、了解客户信息，争取客户转介绍机会。回访前要做好两件事：其一，提前一天整理第二天回访客户名单（建议按照客户提车日期，已经约定回访日期的，按回访日期进行）；其二，查阅客户信息卡，熟悉客户信息，安排合理的回访时间段进行回访。

小贴士

　　在实际回访过程中，销售顾问可以参考下列话术：

　　"（座机）请问×先生/小姐在吗？您好，我是××店销售顾问小×。"

　　假如非车主接听（车主不在）："不好意思，请问什么时候方便再跟×先生/小姐联络？（对方告知）好的，谢谢您，我会再次跟他联络。不好意思，打扰您了。"

　　假如非车主接听（车主不方便）："对不起，打扰了，请问什么时候方便跟他再联络呢？"

　　"（手机）请问是××先生（小姐）吗？您好，我是您的销售顾问小×。"

　　接通车主："××先生（小姐）您好，我是您的销售顾问小×，您三天前在我店购买了一辆××车。"

　　"首先感谢您对××汽车的信任和支持，同时对您做个回访，以便了解您爱车的使用情况，大约需要占用您××时间，您看您现在方便接听电话吗？"

　　假如获得客户同意："再次感谢您购买我们的车辆！请问您这几天车辆使用顺利吗？什么时候需要帮忙，您都可以随时拨打我店的服务电话*********"

　　假如遭到客户拒绝："抱歉，打扰了，谢谢您，再见。"

　　假如客户不方便："对不起，打扰了，您看什么时候能再次跟您联系？"

　　回访结束："谢谢您的配合，祝您用车顺利，生活愉快。"

2. 交车后7日回访

　　交车后7日进行回访，是因为7天以后，客户拥有新车的兴奋感已经趋于平和，选择在第七天回访能够唤醒客户的幸福感，同时客户能够对经销店的服务做出客观理性的评价。

　　（1）交车后7日回访流程。交车后7日的回访流程参照图10-4。

　　（2）回访流程说明（表10-7）。

表 10-7 交车后 7 日回访流程说明

流程	注意要点
回访资料准备	（1）提前一天整理待回访名单； （2）整理客户信息； （3）准备回访工具； （4）梳理相关话术
进行回访	（1）按照客户希望的时间致电客户； （2）自我介绍，询问是否方便接受回访； （3）如果客户不便接受回访，约定后续回访时间，再次致电时询问客户日后回访时间是否需要调整； （4）询问客户购车过程中的满意度； （5）遇到客户反映问题，应及时记录问题，告知客户会立即寻找相关人员解答，约定再次致电时间
回访信息整理	（1）添加、完善客户信息卡； （2）汇总回访问题，及时将客户反馈意见上报

> **小贴士**
>
> 在实际回访过程中，销售顾问可以参考下列话术：
>
> 接通客户："×先生（小姐）您好，我是××经销店的客服专员××，想了解您在购车时对我们的服务是否满意，大约需要占用您××时间，您看您现在方便接听电话吗？"
>
> 如果获得客户同意："首先再次感谢您购买我们的车辆！"然后开始询问客户下列问题，作为销售顾问考核项目。
>
> （1）是否为您提供了免费饮料？　　　　　　　　　　　　　是（　）否（　）
> （2）您到展厅外，接待人员是否热情迎接并指挥停车？　　是（　）否（　）
> （3）接待人员是否主动打招呼？　　　　　　　　　　　　　是（　）否（　）
> （4）第一次到店，销售顾问是否递名片？　　　　　　　　　是（　）否（　）
> （5）销售顾问是否提供专业介绍及资料？　　　　　　　　　是（　）否（　）
> （6）销售顾问是否耐心并周到接待？　　　　　　　　　　　是（　）否（　）
> （7）购车施加压力的程度是否合适？　　　　　　　　　　　是（　）否（　）
> （8）是否建议试乘/试驾？　　　　　　　　　　　　　　　　是（　）否（　）
> （9）是否陪同试乘/试驾？　　　　　　　　　　　　　　　　是（　）否（　）
> （10）是否主动讲车辆配置？　　　　　　　　　　　　　　　是（　）否（　）

3. 交车后 3 个月回访（首次保养邀约）

在交车后 3 个月这个时间节点，客户希望深入了解车辆保养知识；而经销商关注提醒客户首次保养时间，邀请客户返店首次保养，提醒客户预约。在回访过程中收集客户的驾驶习惯，估算客户首次保养返店时间。对邀约成功和不成功的客户，要详细分类登记以便后续跟踪。

（1）首次保养邀约流程（图 10-5）。

（2）首次保养邀约流程说明（表 10-8）。

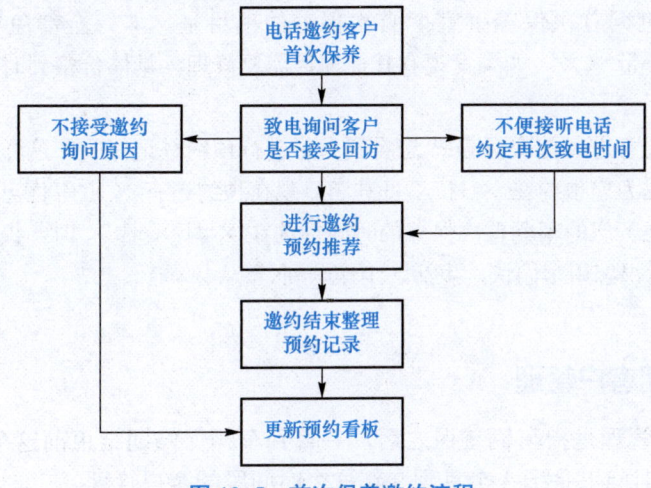

图 10-5　首次保养邀约流程

表 10-8　首次保养邀约流程说明

流程	注意要点
邀约名单准备	（1）依据购车后一个月回访的里程，预估客户行驶 5 000 km 所需时间，提前一星期进行首次保养邀约，对于预估时间超过 3 个月的客户，在 3 个月的首次保养期限前一个星期进行邀约； （2）制定邀约名单，查阅首次保养记录，删除已首次保养的客户
电话邀约	（1）按照客户希望时间致电客户； （2）自我介绍，询问是否方便接受回访； （3）询问客户车辆行驶里程，解释首次保养的重要意义； （4）解释预约的便利性，询问客户是否预约； （5）提示客户携带相关资料； （6）感谢客户，礼貌挂断电话
未邀约成功客户信息整理	（1）未邀约成功客户信息整理； （2）排定再次邀约时间计划； （3）更新客户信息卡中车辆里程

小贴士

在实际回访过程中，销售顾问可以参考下列话术：

"×× 先生（小姐）您好，我是 ×× 经销店的客服专员 ××，我想就您的车辆首次保养进行邀请。您现在接听电话方便吗？"

> 如果客户同意："为了能保证车辆的使用性能，新车在行驶了 5 000 km 或 3 个月时应该进行第一次保养，可以有效地保护新车的发动机，保证车辆日后的正常使用。您的车辆现在行驶了多少里程？"
>
> 如果客户告知里程："根据您的用车情况，大约在 ×× 时间应该进行首次保养。"
>
> 如果客户询问首次保养事宜："首次保养的项目是 ××，全部免费，所需时间 ××，您需要携带 ××。如果发现有其他项目需要修理，具体价格到时候服务顾问会与您沟通的。"
>
> 如果客户同意进店首次保养："您看我为您进行预约登记好吗？这样可以避免维修的等候时间。我为您预约在 × 月 × 日进店，现在预约还有 ×× 等优惠活动，您看哪个时间比较方便？您的车辆首次保养的时间预约在 × 月 × 日 × 时，提前一天我会提醒您进店。最后祝您用车愉快，生活、工作顺利。"

二、保修期客户管理

保修期客户管理是指车辆首保之后，一直到车辆保修期结束前这个时间段内的客户管理，反映在时间上是指 3 个月到 2 年这个时间段的客户管理。

在这个时间段内的客户一般对车辆的使用和保养都比较重视，同时，对汽车销售服务公司的维修保养服务过程并不十分了解，所以做好保修期客户的车辆维修保养工作及接待工作就非常重要。

目前，各个品牌和各个汽车销售服务公司的服务标准流程大同小异，主要包括预约准备、迎接客户、接待客户、保养后邀请客户确认车辆、结算、送别客户几个环节。

三、置换期客户管理

置换期的客户让自己的旧车有合理的评估，尽可能获得高折旧价值，同时期望满足"喜新厌旧"的心理，并希望置换的新车物有所值。

对于企业来讲，车辆置换不但为新车做"嫁衣"，而且是一个新的盈利点。

旧车交易的利润往往是新车销售的好几倍。按国际汽车市场情况分析，新、旧车辆销量的比例在 1∶3 左右。但目前在国内，即使是一些旧机动车交易相对活跃的城市，新、旧车辆实际交易量之比也只有 3∶1，新车实际成交量远远高于旧车的成交量。这一差距表明，国内汽车消费市场以新车购买者为主，同时旧机动车市场孕育着无限商机。厂商、经销商介入车辆置换，不但可以通过车辆置换推动新车的销售，还可以从旧机动车交易中得到利润的增长点。

任务实施

实施步骤：学生每 2～3 人为一组，每组选出一名组长，负责协调组内成员的工作。每组需完成以下任务：

（1）认真研读教师提供的材料；
（2）根据材料完成任务工单（表10-9）回访话术的设计；
（3）每组随机抽取两位同学来进行电话回访实操演练；
（4）指导教师对各小组的汇报进行评分和点评。

表 10-9　任务工单

任务：汽车客户维系策略		实训时长：40 min	
组名		班级	学号
实训日期		教师	评分
实训内容　根据材料完成回访话术的设计及演练			
案例：黄女士3天前购买了上汽大众的Polo，你作为她的销售顾问，请对她进行一次回访			

讨论内容：
1. 回访话术的设计。

2. 回访演练注意事项。

总结实训经验和收获：

任务考核/评价

评价表见表10-10。

表10-10 评价表

评分项	评分子项目	评分细则	自我评价	小组评价	教师评价
纪律 （5分）	1. 不迟到； 2. 不早退； 3. 学习用品准备齐全； 4. 积极参与课程问题思考和回答； 5. 积极参与教学活动	未完成1项扣1分，扣分不得超过5分			
职业素养 （15分）	1. 积极与他人合作； 2. 积极帮助他人； 3. 遵守礼仪礼节； 4. 做事态度严谨认真； 5. 具备劳动精神，能主动做到场地的6S管理	未完成1项扣5分，扣分不得超过15分			
专业技能 （40分）	1. 了解客户回访的知识要点； 2. 掌握客户回访的流程； 3. 能够针对不同情况的客户完成客户回访； 4. 理解不同类型汽车客户维系策略	未完成1项扣10分，扣分不得超过40分			
工具及设备的使用 （20分）	1. 能正确使用平板电脑； 2. 能正确使用网络调查工具	未完成1项扣10分，扣分不得超过20分			
任务工单填写 （20分）	1. 字迹清晰； 2. 语句通顺； 3. 无错别字； 4. 无涂改； 5. 无抄袭； 6. 内容完整； 7. 回答准确； 8. 有独到的见解	未完成1项扣5分，扣分不得超过20分			

❖ **拓展阅读**

吉利汽车的成功

吉利汽车的成功在很大程度上源于其客户关系管理的成功。

吉利汽车一直重视客户关系管理,致力于提供优质的售前和售后服务,以满足客户需求并提升客户满意度。他们建立了完善的客户服务体系,包括专业的客户服务团队、快速的响应机制及便捷的服务渠道。通过这些措施,吉利汽车能够及时解决客户的问题和疑虑,增强客户对品牌的信任和忠诚度。

此外,吉利汽车还注重与客户的互动和沟通,通过线上社区、官方微博等渠道收集客户反馈和建议,不断优化产品和服务。这种以客户为中心的管理理念,使吉利汽车在市场上赢得了良好的口碑并树立了很好的品牌形象,为其成功奠定了坚实的基础。

参考文献

[1] 范小青,刘斯康. 汽车营销实务[M]. 北京:电子工业出版社,2011.
[2] 蒋海萍,周礼,文雪琴. 汽车营销技术[M]. 上海:上海交通大学出版社,2017.
[3] 宋润生,韩承伟. 汽车营销基础与实务[M]. 北京:机械工业出版社,2017.
[4] 商香华,陈春梅,闫春丽. 汽车营销礼仪[M]. 济南:山东大学出版社,2021.
[5] 史婷,张宏祥. 汽车营销实务[M]. 2版. 北京:人民交通出版社,2023.